1%의 글쓰기

"TSUTAERU CHIKARA" TO "JITAMA RYOKU" GA IKKINI TAKAMARU TOUDAI SAKUBUN
by Issei Nishioka
copyright © 2019 Issei Nishioka
Illustrations © Tokuhiro Kano
All rights reserved.
Original Japanese Edition published by TOYO KEIZAI INC.

Korean translation rights © 2019 by Maekyung Publishing Inc.
This Korean edition published by arrangement with Issei Nishioka c/o The Appleseed Agency Ltd. and
TOYO KEIZAI INC., Tokyo.
through the English Agency(Japan) Ltd., Tokyo and Danny Hong Agency, Seoul.

이 책의 한국어판 저작권은 대니홍에이전시를 통한 저작권사와의 독점 계약으로 ㈜매경출판에 있습니다.
저작권법에 의해 한국 내에서 보호를 받는 저작물이므로 무단 전재와 복제를 금합니다.

공부머리 좋아지는 **도쿄대 작문수업**

1%의 글쓰기

니시오카 잇세이 지음
김소영 옮김

생각정거장

성적이 하위 10%였던 나를
구해준 '1%의 글쓰기'

● 우리의 일상은 글쓰기로 넘쳐난다

글쓰기를 좋아하는가? 글쓰기라고 하면 어쩐지 서평이나 에세이처럼 '제대로 각 잡힌 글을 쓰는 것'이라고 생각하기 쉽다. 그러나 그런 형식을 갖춘 글이 아니더라도 우리는 다양한 상황에서 자주 글을 써야 한다. 이를테면 메일을 보낼 때나 SNS에서 누군가와 소통할 때 쓰는 메시지도 글쓰기로 볼 수 있다.

기획서나 보고서, 프레젠테이션 자료를 만들 때에도 글쓰기가 필요하다. 굳이 글로 쓰는 게 아니더라도 누군가에게 무언가를 설명할 때나 자신의 의견을 피력할 때, 또는 사과할 때도 우리는 글을 쓴다. 빈도가 많든 적든, 우리는 누구나 글을 쓰며 살아간다.

그런데 나는 글쓰기를 대단히 싫어했다. 정말로 싫어하는 데다 못 썼다. 아무리 공을 들여 문장을 다듬어도, 상대에게 전혀 의미가 전달되지 않았다. 어릴 때는 가족이나 친구들에게 "네 말에는 요지가 없다"는 말을 줄곧 들었고, 고심해서 쓴 메시지를 받은 상대가 "그래서 무슨 뜻이야?"라고 되묻기 일쑤였다.

도대체 왜 나의 글은 이해가 안 된다는 걸까?

이런 고민을 떨칠 수 없었다. 나보다 글쓰기를 못하는 사람은 없는 것 같았다. 그런데 의외로 나같은 고민을 하는 사람이 많았다.

● 입시는 글쓰기가 필수

이토록 글쓰기를 싫어했던 나에게 '도쿄대 입시'라는 인생 최대의 난관이 나타났다. 놀랍게도 도쿄대 입시 문제는 모두 논술형이었다. 국어와 영어는 물론 사회, 과학, 수학까지도 모두 서술형이다. 글쓰기가 전제되어야 한다는 뜻이다. 고등학교 3학년까지 최하위권에 머물던 내게 논술형 시험은 불가능이나 다름없었고, 당연하게도 두 번이나 떨어지고 말았다.

삼수를 하면서 나의 약점을 철저히 파헤치기로 했다. 우선 도쿄대 입시 문제를 풀 수 있을 정도의 '공부머리'를 기르기 위해 책을 읽기로 했다. 결론부터 말하자면, 능동적으로 책을 읽는 독서법을 익혔다. 저자의 생각을 '그렇구나' 하고 일방적으로 받아들이는 데 그치지 않고, 읽는 사람도 능동적으로 '사실일까? 이 말은 무슨 의미지?' 하고 파고들면서 글을 읽는 독서법이다. 이렇게 글을 읽다 보니 자연스럽게 '스스로 생각하는 훈련'으로 이어졌고, 읽는 힘과 사고력도 단련되었다. 그러나 도쿄대 입시 문제는 이해하고 풀었다고 해서 점수를 받는 게 아니다. 문제의 답을 알아도 '쓰지' 못하면 점수를 받지 못했다.

게다가 도쿄대 입시 문제는 '문제를 푸는 방법을 알아도, 글로 설명하기는 어려운 문제'가 대부분이다. 즉, 상대가 이해할 수 있는 글을 쓸 줄 알아야 비로소 합격할 수 있다는 말이다.

● 독서도, 글쓰기도 중요한 것은 쌍방향

나는 '글쓰기를 싫어하고 못한다'는 콤플렉스를 극복하기 위해 매일매일 훈련했다. 50년치 도쿄대 입시 문제를 풀고 쓴 답을 선생님이나 친구에게 보여줬다. '여기는 이해가 안 된다'던가 '이 부분은 뭘 쓴 건지 모르겠다'던가 다양한 피드백을 받으며 선생님이나 도쿄대를 지망하는 다른 친구들이 쓴 문장과 내 문장을 비교했다. 그리고 매일매일 쓰고 또 썼다. 그러다가 문득 깨달았다. 이 과정이 독서와 다를 바 없다는 것을 말이다.

사실 독서의 본질이나 글쓰기의 본질은 완벽히 같다. 일방적인 노선에서 벗어나면 길이 열린다. 책을 읽으면서 저자의 표현을 일방적으로 받아들이지 않고 능동적으로 읽다 보면, 글을 제대로 이해할 수 있을 뿐만 아니라 사고력도 기를 수 있었다. 마찬가지로 일방적인 글쓰기가 아니라 독자도 능동적으로 읽을 수 있도록 쌍방향 글쓰기를 하면, 가독성뿐만 아니라 사고력을 높이는 데도 도움이 된다.

상대에게 전해지지 않는 문장은 독자를 생각하지 않은 일방적인 글이다. 반대로 상대에게 나의 생각이 전해지는 글쓰기는 '소통'을 이끌어내는 힘이 있다. 내 생각을 확실히 밝히되, 독자까지 염두에 둔 글쓰기를 해야 한다.

상대를 향해 쏘는 화살은 물론이고, 상대가 내게 쏘는 화살도 생각해야 한다. 읽는 이를 의식하면서 써야 상대방이 나의 글을 이해해준다. 일류대에 합격한 학생들은 모두 이 능력치가 높다.

● 사고력의 기초를 배울 수 있는 글쓰기

일류대에 합격한 1%들은 대부분 이 '쌍방향 글쓰기'를 통해 표현력뿐만 아니라 사고력도 습득했다. 쌍방향 글쓰기를 훈련하면, 읽는 사람의 시선을 늘 의식하게 된다. 그러면서 나와 상대의 입장, 두 개의 관점에서 사물을 바라보고 생각하는 법을 배운다. 객관적이고 비판적인 사고, '생각하는 힘'의 기초를 다지게 된다.

쌍방향 글쓰기는 독자 관점을 염두에 둔 글쓰기를 의미한다. 일류대에 들어간 학생들은 자신의 글을 읽는 사람이 어떻게 받아들이고 이해할지 의식하고 글을 쓴다. 이 법칙을 깨닫고 나서, 상호관계를 염두에 두고 답을 적기 시작하자 시험 점수가 오르기 시작했다. 쌍방향 글쓰기를 통해 사고는 탄탄해지고 성적까지 두 배나 올랐다. 답을 알아도 글쓰기 때문에 쩔쩔매던 내가 도쿄대 모의고사에서 전국 4등까지 성적을 끌어올릴 수 있었다. 그리고 나는 도쿄대에 합격했다.

지금은 하위권 성적에서 도쿄대 입학까지의 과정을 그린 만화 〈드래곤 사쿠라〉의 공부법을 연구하는 도쿄대 동아리 '동룡문'의 리더를 맡고 있다. 도쿄대생 300명 이상을 설문조사하고 도쿄대생 100여 명을 인터뷰하는 등, 도쿄대생을 철저히 분석해 '어떻게 하면 공부머리가 좋아질까? 도쿄대생은 대체 무엇이 우수한가?'를 동료들과 함께 밤낮으로 조사·연구하는 중이다.

이 연구를 진행하면서 만난 도쿄대생들은 모두 쌍방향 글쓰기 능력이 탁월하다는 사실을 확인했다. 입시에서 요구하는 능력이기 때문에 당연한 결과일지도 모르지만, 실제로 도쿄대생은 쌍방향 글쓰기 능력이 훌륭했고, 그만큼 깊이 사고하고 표현하는 능력을 갖추고 있었다.

● 1%의 글쓰기로 익히는 다섯 가지 힘

나는 이 책에서 나를 도쿄대생으로 만든 글쓰기 방법을 공유하려고 한다. 이 방법을 활용하면 누구라도 간단하게 상대가 이해하기 쉬운 글을 쓸 수 있으며, 동시에 사고력도 높아질 것이다. '사고력을 기른다'는 말은 더 자세히 설명할 필요가 있다. 이 책을 통해 기를 수 있는 능력은 다섯 가지다.

첫째, 요약 능력. 무엇을 말하고 싶은지를 한마디로 간단히 정리해서, 무엇을 알리고 싶은지 구체화하는 능력이다.

둘째, 논리적 사고. 일관된 맥락으로 상대가 파악하기 쉬운 논리를 세우는 능력이다. 논리적 사고가 뒷받침되면, 누구라도 이해하기 쉬운 글을 쓸 수 있다.

셋째, 객관적 사고. 상대의 입장에서 상황을 파악할 줄 아는 능력을 말하는데, 객관적으로 사고할 수 있어야 상대가 수긍할 만한 글을 쓸 수 있다.

넷째, 커뮤니케이션 능력. 본인의 생각을 전달하면서 상대의 생각을 읽고, 원활하게 소통하는 능력이다. 이 능력은 독자가 다음을 궁금하게 만드는 글을 쓰도록 돕는다.

다섯째는 비판적 사고. 자신의 글을 비판적으로 파악하고, 다른 사람의 비판도 예상하는 힘이다. 비판적 사고력을 통해 필요 없는 부분을 덜어내고, 하고 싶은 말을 전하기 쉬운 글로 다듬을 수 있다.

위의 다섯 가지 능력을 익히는 방법은 PART1에서 설명하겠다. PART1에서 다시 STEP1~5까지 순서대로 위 다섯 가지 능력을 키우는 방법을 소개하려 한다. PART2는 실전편이다. PART1에서 소개한 방법을 활용해 메일이나 기획서, 블로그, 보고서 등 다양한 상황에 적용하는 쌍방향 글쓰기를 배운다.

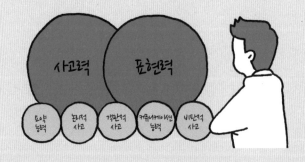

● 1%의 글쓰기, 나를 도쿄대생으로 만든 기적의 학습법

책 제목이 '1%의 글쓰기'이라서 왠지 어려워 보인다든지, 내게는 무리일지도 모른다고 생각하는 사람이 있을지 모르겠다. 그러나 전혀 걱정할 필요가 없다. 그도 그럴 것이 성적이 하위 10%수준이었던 나도 소화한 글쓰기 방법이기 때문이다. 독자들이 실천하지 못할 방법은 하나도 없다. 그리고 PART2에서 실제 작문 방법도 자세히 설명할 것이다. 이 책을 읽고 실천해보면 누구라도 쉽게 '상호작용하며, 이해하기 쉬운 글'을 쓸 수 있을 것이다.

마지막으로 한 마디만 덧붙이자면, 글쓰기는 아웃풋이다. 이 책 내용을 아무리 머리에 집어넣어도 실제 글쓰기를 해보지 않으면 이 책의 효과는 반감되고 만다. 그렇기 때문에 이 책을 읽으면서 두려워하지 말고 글쓰기를 많이 해보기 바란다. 읽고 배운 내용이든, 감상이든, 무엇이라도 좋다. 일단 실제로 문장을 써보는 것이 중요하다.

부디 이 책을 읽고 글쓰기에 대한 두려움을 이겨내고 성적도 오르길 바란다.

Contents

들어가는 글

성적이 하위 10%였던 나를 구해준 '1%의 글쓰기'　　　05

Part 1 표현력과 사고력,
한꺼번에 잡는 1%의 글쓰기

 하고 싶은 말, 결론부터 쓴다
STEP 1 – 마지막 문장을 정하라

1. 글쓰기 전에 조금만 신경 쓰면, 표현력이 크게 좋아진다

- 글쓰기에는 대원칙이 있다　　　020
- 결론이 드러나지 않으면 제대로 읽을 수 없다　　　021
- 마지막을 정하지 않으면 쓸 수 없다　　　024

2. 하고 싶은 말을 한마디로 정리한다

- 하고 싶은 말의 두 가지 조건　　　029
- 주장 만들기의 순서　　　034
- 주장의 네 가지 형식　　　035
- 요청과 주의를 구별해야 한다　　　042

3. 목적 만들기로 독자를 끌어들이는 글을 쓸 수 있다

- 목적 만들기란　　　046
- 목적을 만드는 방법　　　049

○ 목적과 수단에는 각각 두 가지가 있다   050

○ 목적 만들기의 두 가지 포인트   052

○ 이해(인풋)보다 변화(아웃풋)을 목표로 삼는다   056

^{STEP} 2 목차를 만들면 읽기 쉬운 글이 된다
− 1%는 연결과 순서를 의식한다

1. 읽기 쉬운 문장은 논리적이다

○ 영리하지 않은 독자   058

○ 친절한 문장은 논리적인 문장   062

○ 독자의 위치를 파악하라   065

2. 경로를 선택하면 논리적이고 타당한 형식이 보인다

○ 형식을 장악하면 어떤 글쓰기도 자유자재로 할 수 있다   067

○ 왕도의 3가지 형식   069

○ 독자에 따라 다르게 쓰이는 세 가지 형식   076

○ 경로 만드는 법   077

^{STEP} 3 1인 토론으로 설득력 있는 글쓰기
− 상대의 마음을 자극하라

1. 설득력 있는 문장은 독자가 집중한다

○ 독사를 기사 내하늣   081

○ 설득력은 단언할 때 생긴다   084

○ 1인 토론의 3단계   088

2. 트집 잡기로 논리의 구멍을 찾는다

- 트집거리가 있어야 잘 읽히는 글   090
- 트집거리 만드는 방법   092

3. 한 방이 있는 글, 한 발 물러서기로 쓸 수 있다

- 일부러 양보하는 이유   095
- 양보하는 방법   097
- 반론 만드는 법   099
- 반론이 떠오르지 않으면   101

4. 임팩트 만들기로 반전을 극대화한다

- 임팩트 만들기   104
- 임팩트 만드는 방법   105

STEP 4

질문의 덫을 놓아야 독자를 끌어들인다
- 독자와의 대화라고 생각한다

1. 독자에게 질문을 받으면 성공

- 질문의 덫이란   108

2. 질문을 만들어 독자와의 거리를 단번에 줄인다

- 일부러 질문으로 글을 시작하는 효과   113
- 질문 만드는 법   116

3. 위치 잡기로 독자에게 울림을 주는 글을 쓴다

- 주관적인 글일수록 독자와의 거리가 가깝다   120
- 위치 잡는 방법   124

STEP 5 가지치기가 스마트한 글을 만든다
– 읽는 사람의 처지를 의식하라

1. 문장의 필요 없는 부분을 알아보는 기술

- 문장 하나하나의 역할을 뚜렷하게 한다   131

2. 필요한 문장과 불필요한 문장을 나누는 가지 찾기

- 불필요한 문장이은 읽을 마음을 사라지게 한다   137
- 불필요한 문장을 찾아내는 가지치기 방법   141
- 세 가지 형식은 각각 어떤 나무인가   142

3. 대체하기, 필요 없는 문장을 필요한 문장으로

- 쓸모없는 곁가지도 조금만 궁리하면 다시 쓸 수 있다   151
- 대체하는 법   153

Part 2 상황에 맞는 글쓰기
– 1%의 글쓰기 실전편

CASE 0 글쓰기가 까다로운 이유는
실수했다는 감각이 없어서   158

CASE 1 메일 · 채팅
– 짧게 핵심만

  ○ 메일이나 채팅은 짧게 핵심만 보내는 것이 중요   160
  ○ 필요한 것을 짧고 핵심만 전하는 법   162

CASE 2 회의록 · 보고서 · 리포트
– 알기 쉬운 설명의 기술

  ○ 보고서는 상대를 의식하는 것부터   166
  ○ 알기 쉽게 설명하는 사고법   169

CASE 3 기획서 · 제안서
– 설득력을 높이는 기술

  ○ 말투 하나에 달라지는 설득력   171
  ○ 설득력이 높아지는 글쓰기 사고법   174

SNS · 블로그 · 메모
– 공감 받는 기술

- SNS나 블로그에서는 공감이 무엇보다 중요   177
- 공감 받는 글쓰기 사고법   180

사과문
– 모든 것을 담는 힘

- 사과문은 궁극의 글쓰기   183
- 쌍방향성을 최대한 담는 사고법   185

나오는 글   187

부록

한눈에 보는 1%의 글쓰기 POINT 42   190

일러두기

- 이 책의 맞춤법과 인명, 고유명사 등의 표기는 국립국어원 표준국어대사전과 외래어표기법을 따랐다.
- 단행본은 《 》, 영화는 〈 〉로 표기했다.

Part ———————— **1**

표현력과 사고력, 한꺼번에 잡는 1%의 글쓰기

하고 싶은 말, 결론부터 쓴다
– 마지막 문장을 정하라

1 | 글쓰기 전에 조금만 신경 쓰면, 표현력이 크게 좋아진다

● 글쓰기에는 대원칙이 있다

자, 글을 써 볼까? 여러분은 무엇부터 시작하는가?

'일단 첫 문장부터 써보자', 혹은 '문장의 구성부터 짜야지' 할 것이다. 저마다 다른 생각을 떠올릴 테지만, 일단 무조건 해야 하는 단계가 있다. 바로 결론 정하기다. 처음부터 결론을 정하지 않으면, 글쓰기는 사실상 불가능해진다. '왜 결론이지?' 생각하는 사람이 있을 수 있지만 결론 정하기는 글쓰기의 기본이자 꼭 지켜야 할 대원칙이다.

동서고금을 막론하고 모든 글에는 공통점이 있다. 무엇일까? 바로 자신이 하고자 하는 말을 마지막에 쓴다는 것이다. 평론이든 보고서든 결론은 있기 마련이다. 연설이나 프레젠테이션에서도 긴 설명을 마친 뒤 대개 '요약하자면'이라며 마무리한다. 가령 하고 싶은 말만 계속 늘어놓고 마지막에 아무 정리도 없이 끝난다면, 청자나 독자의 머릿속에는 '그래서 뭘 말하고 싶은 거야?'라는 물음만 남을 것이다. 무엇을 말하고 싶었는지를 마무리하는 단계에서 밝히는 것이 대원칙이다. 이 원칙을 지키지 않은 글은 읽을 가치가 없다고 해도 변명의 여지가 없다. 그만큼 '결론=하고 싶은 말'의 원칙은 중요하다.

Point 1 쓰기 전에 결론을 생각한다

◉ 결론이 드러나지 않으면 제대로 읽을 수 없다

어째서 결론은 '하고 싶은 말'이어야만 할까? 여기에는 두 가지 이유가 있다.

첫 번째는 독자를 위해서다. 사람은 누구나 마지막에 말한 것을 기억하기 때문이다. '끝이 좋으면 다 좋다'라는 말도 있듯이, 어떤 이야기나 영화, 소설을 시간이 흐른 뒤에 떠올려보면 기억에 남는 것은 클라이맥스나 결말 장면이지 않은가? 초반에 몰입해서 보다가도 마지막 장면에서 '뭐야, 이게 끝이야?'라고 생각한 작품은 재미있다는 인상을 남기기 어렵다. 오히려 중간까지는 그저 그렇다고 생각되던 영화도, 극

적인 복선 회수나 반전으로 클라이맥스에서 쾌감을 선사하면 좋은 영
화로 기억되는 경우가 많다.

마지막의 중요성을 알려주는 두 가지 실험

이와 관련된 실험도 있다. 행동경제학자 대니얼 카너먼이 두 가지
실험을 실시했다.

① 아주 차가운 물에 60초간 손을 담근다.
② 아주 차가운 물에 90초간 손을 넣는데, 마지막 30초 동안은 물
   온도가 점점 올라서 물이 미지근해진다.

결과는 어땠을까? 언뜻 보기에는 ①번 실험이 더 견딜 만해 보인다.
찬물에 손을 넣는 시간은 ①, ② 모두 같고, ②는 물 온도가 조금 더
높아졌다고는 하지만 찬물에 손을 넣는 시간이 30초 더 늘어나기 때
문이다. 그러나 실험이 끝난 뒤에 피실험자에게 어느 쪽이 참기 쉬웠는
지 물어보자, '①보다 ②가 낫다'고 답한 사람이 더 많았다. 실제 시간
보다 마지막이 어땠는지에 따라 인상이 결정되는 것이다.

또 다른 실험도 있다. 인지심리학자 노먼 H. 앤더슨이 실제 일어난
사건을 바탕으로 모의재판을 했는데, 증언 순서에 따라 배심원의 판
단이 어떻게 변하는지 실험한 것이다. A측에 유리한 증언 6개, B측에
유리한 증언 6개를 준비했다.

① A측에 유리한 증언을 2가지 말한 다음, B측에 유리한 증언을 2가지 말하는 형식으로 3번 반복하고 배심원이 A, B 중 한 쪽을 고르도록 한다.

② B측에 유리한 증언을 6가지 말한 다음, A측에 유리한 증언을 6가지 말하는 형식으로 재판을 진행한 뒤 배심원이 A, B 중 한 쪽을 고르도록 한다.

이쯤 되면 짐작이 가겠지만, ①실험에서는 B가, ②실험에서는 A가 이겼다. 정보를 따로따로 주든 한 번에 주든, 마지막에 들은 내용이 기억이나 인상에 남기 때문이다.

꼭 하고 싶은 말, 상대가 알았으면 하는 것은 반드시 마지막에 이야기해야 한다. 마찬가지로 결론을 말하지 않으면, 독자에게 인상을 남기기 어렵다. 가장 전하고 싶은 메시지야말로 마지막에 내놓아야 한다.

 Point 2 전체의 인상은 마지막에 결정된다

● 마지막을 정하지 않으면 쓸 수 없다

마지막에 하고 싶은 말을 정하는 데는 중요한 이유가 있다. 결론을 처음부터 정해야 하는 가장 중요한 까닭이기도 하다. 지금까지는 '읽는 사람'을 위한 이유였지만, 이번에는 '쓰는 사람'을 위한 이유다. 마지막에 하고 싶은 말을 미리 정해야 글쓰기가 쉬워진다.

내비게이션을 예로 들어보자. 일반적으로 내비게이션에 목적지를 입력하고, 그 목적지에 도달하기까지의 경로를 안내받는다. 목적지가 부산이라면 여러 가지 경로가 있기 마련이다. 고속도로를 이용하는 길이 있는가 하면, 일반 도로를 통해 가는 방법도 있을 것이다. 그런데 어떤 경로로 가더라도 부산이라는 목적지를 모르면 애초에 달릴 수조차 없다. 무작정 차를 달린들 부산에 도착하는 요행 같은 것은 기대할 수 없다.

글쓰기도 마찬가지다. 다양한 글쓰기 방법이 있고, 때로는 옆길로 빠져도 좋다. 그렇지만 그것도 어디까지나 목적지를 결정한 다음 이야기다. 최종적으로 어디에 도달하고 싶은지를 모르는 채 쓰기 시작해봤자, 결국 무엇을 말하고 싶은지 모른 채 헤매다 미아가 되어버린다. 따라서 하고 싶은 말을 먼저 정한 후에, 마지막 목적지를 바라보면서 써야 한다.

목적지가 보여야 이해하기 쉬운 글

목적지가 정해져 있다는 것은 독자가 이해하기 쉬운 글이라는 뜻이기도 하다. 결론이 정해지지 않아서 이리저리 휘둘리고 갈팡질팡 흔들리는 문장보다는, 쓰는 사람이 처음부터 목적지를 향해 곧장 걸어가는 글이 분명하고 읽기 쉽다. 이 책에서 중요한 핵심 목표는 '독자가 이해하기 쉬운 글'을 쓰는 것인데, 그러기 위해서는 목적지 설정이 반드시 선행되어야 한다.

어려운 말로 표현하면 '일관된 논리'다. 처음부터 끝까지 일관된 주장을 펴고 설득력 있는 예를 들거나 보충 설명을 덧붙인 글이라야 이해하기 쉽다. 나는 지금 '글을 쓸 때는 처음부터 결론을 정해야 한다'는 최종 결론을 정한 뒤에 이 글을 쓰고 있다. 목적지를 알기 때문에 지금껏, 그리고 이후에도 결론을 처음부터 정한 내용만 가지고 글을 쓸 것이다.

앞에서 언급했던 두 가지 실험과 내비게이션의 사례를 통해 '글을 쓸 때는 처음부터 결론을 정해야 한다'는 주장의 설득력을 높였다. 마지막에 쓸 결론을 정해야만 비로소 글을 쓸 수 있고, 주장도 알리기 쉬워진다. 다시 한번 강조하지만 결론을 정하지 않으면, 어떤 글도 쓸 수 없다.

일관된 논리의 중요성

도쿄대는 일관된 논리를 대단히 중시한다. 수십 년 전부터 매년, 도쿄대 입시 문제 가운데 한두 문제는 글의 마지막 부분에 밑줄을 긋고 '밑줄에 담긴 의미를 바탕으로 저자가 무엇을 주장하는지 100자 정도로 쓰시오'라는 문제가 출제된다.

독자에게 전달하고자 하는 내용이 담긴 문장에 출제자가 밑줄을 치고, 그 문장을 힌트 삼아 글 전체를 정리하는 문제다. 밑줄 친 문장을 보고 처음부터 끝까지 일관되게 주장하는 내용이 무엇인지 짐작한 뒤 100자로 정리해야 한다. 이 말은 곧, 일관된 논리를 갖추지 못한 글은 입시에 절대 출제되지 않는다는 뜻이다. 출제자가 볼 때, 글쓴이가 이 문장을 말하려고 이 글을 쓴 것으로 보이는 문장은 무조건 글의 마지막에 위치한다.

 ## Point 3　마지막이 명확해야 글쓰기를 시작할 수 있다

마지막의 중요성은 대화도 마찬가지

아직 헷갈리는 사람에게 한 가지 질문을 하고 싶은데, 혹시 주변에서 '그래서 하고 싶은 말이 뭐야?'라는 말을 들어본 적이 있는가? 나는 수없이 들어본 질문이다. 메신저나 메일, 리포트 혹은 친구와 이야기할 때도 '그러니까, 하고 싶은 말이 뭔데?'라는 말을 들은 적이 셀 수 없이 많다. 독자들도 겪어봤으리라 짐작하지만, 막상 그런 말을 들으면 당황해서 바로 대답하기가 어렵다. 장황하게 같은 설명을 반복하거나, 잘 대답했다고 생각했는데도 여전히 모르겠다는 말이 돌아오기 일쑤다.

결론을 내리고 써야 하는 이유가 여기에 있다. 결국 어떤 말을 하고 싶은지가 명확하지 않다면, 아무리 자세히 손짓 발짓까지 동원해서 설명한다고 하더라도 상대는 그럭저럭 알아듣는 수준에 그친다. 말을 하는 사람도 그럭저럭 이해한 채 말하기 때문이다. 설명하는 내가 적당히 아는 것을 상대가 정확히 이해하는 것은 불가능하다. 상대에게 뭔가를 전달하고 싶고 상대방이 파악하기 쉬운 글을 쓰려면, 우선은 내 안의 '그럭저럭'을 '정확하게'로 바꿔야 한다. 그래서 무엇을 말하고 싶은지, 스스로 확실히 다잡으면 그제야 상대방에게 오롯이 전해지는 글을 쓸 수 있다.

알아보기 쉬운 1%의 노트

도쿄대에서 시험대책위원회 위원장을 맡은 덕분에 300명이 넘는 도쿄대생의 노트를 볼 기회가 있었다. 글씨를 못 쓰는 사람이 있는가 하면 잘 쓰는 사람도 있고 가지각색이지만, 모든 도쿄대생이 똑같이 지닌 공통점이 있었다. 그것은 '정리'다. 교수의 설명이든, 필기든 그것을 한 마디로 '이러한 수업이었다. 요약하자면 이러저러한 사례들을 통해 이런 내용을 알 수 있다'라는 식으로 명확하게 정리되어 있었다. 이들의 노트를 살펴본 것은 내게 큰 도움이 되었다. 배운 내용이나 기억해야 할 포인트를 정리해서 이 노트를 어떤 목적으로 쓴 것인지, 그래서 결론적으로 무엇을 알아두어야 하는지가 분명하고 확실하게 적혀 있었다. 그러면 시간을 낭비하지 않고 중요한 내용만을 흡수할 수 있다. 이런 식으로 노트를 쓰는 도쿄대생이 상당수다.

'결국 이 글은 무엇을 말하고 싶은가?' 또는 '결론적으로 어떤 메시지를 전하고 싶어서 쓰는가?'

이것이 명확할수록 읽는 사람도 중요한 부분을 알아보고, 쓰는 사람도 그 부분을 강조하면서 이해하기 쉬운, 일관된 논리의 글을 쓸 수 있다. 그러므로 글쓰기를 시작하기 전에 결론을 분명히 해야 한다.

'쓰긴 하는데 가독성이 좋은 글을 쓰기 힘들어', 혹은 '글을 쓰려 해도 시작이 어려워'

이와 같은 고민을 하는 사람도 있을 것이다. 나 역시 같은 고민을 한 적이 있지만, 마지막 결론을 분명히 하고 일관된 논리를 유지하면서 글을 쓰자 위의 고민이 사라졌다. 이제부터 '주장 만들기'와 '목적 만들기'를 소개할 텐데, 이것들만 있으면 상대가 누구라도 쉽게 이해할 수 있는 글을 쓸 수 있을 것이다.

 Point 4 **마지막에 무엇을 말할지는
대화나 필기에서도 중요한 포인트!**

2 | 하고 싶은 말을 한마디로 정리한다

● 하고 싶은 말의 두 가지 조건

주장을 어떻게 만들면 좋을지 이야기하기 전에, 한 가지 퀴즈를 내볼까 한다. 다음 중 '주장이 될 만한 것'을 골라보자.

① 바다는 넓고 푸르다.

② 젊은 사람은 더 공부해야 한다.

③ ○○씨, 고마워요.

④ 프랑스어를 공부하는 것은 어렵지만, 일본어를 공부하는 것은 그 3배 정도의 시간이 필요하다고 한다.

①~④번 중에서 주장이 될 만한 보기는 무엇일까? 정답은 ②번과 ③번이다. 이 둘은 주장으로 삼아 글쓰기 쉽다. 반대로 ①번과 ④번은 글로 쓰기 어렵다. 믿기지 않는 사람이 있다면, 시험 삼아 ①번과 ④번으로 글을 써보길 바란다. 생각보다 어려울 것이다.

게다가 ①번과 ④번은 '주장 만들기'의 금기를 범하고 있다. 주장이 되기 위해서는 두 가지 조건이 필요하다. 하나는 미지의 정보일 것, 다른 하나는 짧게 줄일 것이다. 순서대로 짚어보자.

미지의 정보

주장하기 위해서는 미지의 정보라야 하는데, 이는 ①번을 보면 쉽게 알 수 있다. 이 책을 읽는 사람들 중 바다는 넓고 푸르다는 사실을 모르는 사람은 없을 것이다. 누구나 알고 있는 당연한 사실이다. 이걸 '주장'으로 글을 쓴다면 모두가 아는 당연한 말만 늘어놓을 수밖에 없다. 뻔한 내용을 굳이 알리고 싶은 사람은 없다. 주장은 상대나 세상을 향해 말하고 싶은 당신의 의견이다. 상대가 당연하다고 생각하는 것은 주장해봤자 '하나 마나 한 얘기잖아?' 아니면 '뭐 그런 뻔한 소리를 하냐'는 소리를 듣기 십상이다. 세상 모두가 알고 있는 정보가 아니라, 아무도 생각해본 적 없는 미지의 정보야말로 독자를 귀 기울이게 만들고, 저자의 가치를 높여준다.

당연한 소리처럼 보이는 ②번 '젊은 사람은 더 공부해야 한다'는 글감 역시 마찬가지가 아니냐고 생각하는 사람이 있을지도 모르겠다. '건강은 중요하다'나 '효도해야 한다'는 식으로 당연한 주장이 많은 것도 사실이다. 하지만 여기에는 더 깊은 의미를 더할 수 있다.

'모두가 알고 있는 사실이지만, 우리가 알던 사실보다 훨씬 심각하다'라든가 '누구나 당연하다고 여기지만, 실제로는 더 중요하다', '필요하다는 것은 알지만, 왜 필요한지 모르고 있지 않은가?' 식으로 기존의 사실 속에 숨겨진 미지의 부분을 주장하기 때문이다. 사실 100%로만 이루어진 주장은 없으니, 어디엔가 있을 미지의 부분을 찾아내 주장하는 것이다.

독자는 미처 몰랐던 정보가 있어야만 눈길을 준다. 전부 아는 내용이라고 느껴진다면 독자는 아무런 흥미를 느끼지 못할 가능성이 크다. '이런 내용은 몰랐네!' 또는 '그런 의미가 있었구나!'라고 생각할 만한 무언가가 있어야 독자가 흥미를 가지고 글을 읽는다. 그렇기에 주장은 독자에게 전할 미지의 정보를 담고 있어야 한다.

주장은 짧게 줄일 수 있는 것

주장은 반드시 간략하게 정리되어야 한다. 예를 들어 ④번 '프랑스어를 공부하는 것은 어렵지만, 일본어를 공부하는 것은 그 3배 정도의 시간이 필요하다고 한다'를 주장으로 한다면, 아무리 살펴봐도 결국 무엇이 중요한지, 무엇을 말하고 싶은지 파악하기 힘들다. 이 문장을 읽고 '프랑스어보다 일본어가 공부하기 어렵다는 말인가?' 생각하는 사람이 있는가 하면, '프랑스어를 배우는 것보다 일본어를 배우는데 3배나 더 시간이 걸린다는 이야기'라고 이해하는 사람도 있을지 모른다. 더러는 '프랑스어도 일본어도 공부하기 어렵다는 말'이라고 받아들이는 사람도 있을 것이다. 즉, 주장이 길수록 정보가 많아져서 중요한 부분, 정말로 상대에게 전하고 싶은 바가 사라진다. 그러면 상대에게 전달하기 어려울 뿐만 아니라, 글쓰기도 힘들어진다.

④번을 결론으로 정하고 글을 써보면, 분명히 글쓰기가 어렵게 느껴질 것이다. '일본어 공부는 어렵다', 또는 '프랑스어보다 일본어가 어렵다'와 같이 주장은 간결한 문장으로 표현해야 한다.

내가 모르는 것은 설명할 수 없다

짧게 줄이라는 말에 반론하고 싶은 사람도 있을 것이다. 나의 주장은 깊고 난해해서 한마디로 간략히 표현할 수 없다거나 짧게 요약할 수 없기에 긴 글로 정리하는 것이라면서 말이다.

단언컨대, 한마디로 정의하기 힘든 주장이나 글, 본인이 어렵다고 느끼는 개념을 남에게 이해시키는 것은 불가능에 가깝다. 어느 누구도 자신이 이해하지 못한 것을 설명할 능력은 없다. 내가 이해하지 못한 것을 남에게 설명할 수 없다. 아니, 설명하려는 데서 이미 틀렸다.

'그럼 대학 교수나 학교 선생님의 어려운 강의는?' 어떻게 가능한가 하고 따지는 사람도 있을 수 있겠다. 그런데 대학 교수나 학교 선생님은 자신이 가르치고 있는 내용을 어렵다고 느끼지 않는다. 설령 상대의 지적 수준이나 배경 지식의 부족 등으로 이해하기 어려운 내용이라서 설명하기 까다롭다고 생각할 수는 있으나, 본인이 말하고 있는 것에 대해서 난해하다고 생각하지는 않는다. 그렇기 때문에 듣는 사람으로서는 복잡하고 어려운 이야기일지 몰라도, 설명하고 책이나 글로 내용을 전달할 수 있는 것이다. 내게 어려운 것은 설명이 불가능하며, 그 시도 자체가 잘못된 것이다.

내가 대충 이해하고 있는데 상대에게 명확히 설명하는 것도 불가능하다. 한마디로 정의하기 어려운 내용은 상대도 이해할 수 없다. 내 안에서 씹고 소화한 뒤에 한마디로 표현할 수 있을 정도로 명확해야만 남들도 받아들일 수 있다.

최고의 공부법, 설명하기

지난 3년간 도쿄대생의 공부법을 조사하면서 이들의 공통된 공부법을 발견했다. '배운 것을 남에게 설명하기'다. 같은 반 친구에게 자주 질문을 받았다든지, 집에서 오늘 배운 것을 동생에게 설명했다든지 도쿄대생들은 거의 대부분 그 빈도와 상관없이 누군가에게 배운 것을 설명해왔다.

설명하다 보면 내가 정말로 이해하고 있는지를 알 수 있다. 제대로 설명할 수 없다면 내가 완벽하게 이해하지 못했다는 뜻이다. 그리고 누군가에게 설명했는데 방금 말한 부분은 모르겠다고 상대가 되묻는다면, 그 부분을 내가 제대로 모르는 것이다. 이렇듯 설명하기를 통해 자신의 이해도를 파악할 수 있다. 이 공부법을 실천한 도쿄대생들은 모두 입을 모아 '짧게 정리하면 할수록 좋다'고 강조했다.

'장황하게 설명하기보다 짧게 표현하는 편이 이해하기 쉽고, 나도 전달하기 쉽다. 만약 짧게 정리할 수 없다면, 그 부분은 내가 제대로 이해하지 못한 경우가 많다'고 했다. 즉 짧게 정리할 수 없다면, 자세하게 말한다 해도 정확히 이해했다고 볼 수 없다.

주장의 두 가지 조건은 미지의 정보, 그리고 짧게 간추리는 것이다. 이 두 가지를 머릿속에 넣고 '주장 만들기'로 넘어가자.

 Point 5 **주장은 미지의 정보로, 짧게 써야 한다**

● 주장 만들기의 순서

① '주장의 네 가지 형식' 중에서 내 주장이 해당하는 형식을 골라 메모지에 적는다.

주장의 종류는 그렇게 다양하지 않다. 대부분은 네 가지 형식 중 하나다. 우선 네 가지 형식 중에서 내 주장이 어디에 속하는지 확인한다.

② 주장의 형식에 따라 '내가 쓰고 싶은 것'을 세 가지 이상 적는다.

글을 통해 쓰고 싶은 것이나, 어떠한 정보를 상대에게 전하고 싶은지 열거해보자. 주장을 구체화해 최대한 꺼내보는 단계다. 메모지 한 장에 하나씩 쓴다. 이때는 다양한 생각을 자유롭게 펼쳐놓는 것이 중요하다.

③ 메모에서 '쓰고 싶은 것'을 한 가지 고르고 나머지 메모도 글감으로 사용한다.

'미지의 정보'를 '짧게' 쓴다는 두 가지 조건을 충족시키는 동시에, 내가 이야기하고 싶은 내용을 주제로 고른다. 작성한 메모 중에 고를 만한 주장이 없다면, ②번 단계로 되돌아간다.

Point 6 주장 만들기는 3단계로 이루어진다

● 주장의 네 가지 형식

주장의 네 가지 형식을 소개한다. 네 가지 형식은 상대에게 무엇을 전하고 싶은지에 따라 나뉜다. 여러분도 무엇을 말하고 싶은지 비교하면서 생각해보자.

① 감정형

말하고자 하는 바	나의 감정
자주 쓰이는 상황	감사 편지, 채팅, 후기, 일기, 메시지 등

 · ○○ 씨에게 감사하는 마음을 전하는 편지
· △△ 씨가 한 말에 상처를 입었다는 등의 심정을 적은 일기나 메시지
· 영화를 보고 느낀 감동을 적어놓은 리뷰

내가 느낀 감정을 전할 때는 감정형을 선택한다. 이 형식은 나의 감정을 전하고 싶을 때나, 나의 기분을 상대가 알아주길 바랄 때 주로 쓴다. 내 생각과 감정을 상대에게 전달해 상대와 더 친밀한 관계를 이어가고자 한다면 감정형이 가장 적합하다.

② 공유형

말하고자 하는 바	공식적인 일이나 업무 등
자주 쓰이는 상황	보고서, 회의록, 노트 필기, 리포트, 시험 답안

예시	• ○○과 관련된 업무, ○○에 관한 질문 등의 보고서 • 회의 내용을 정리한 회의록 • 수업 내용에 관한 노트, 혹은 메모

상대가 알았으면 하는 것, 혹은 이해를 바랄 때 쓰는 형식이 공유형이다. 노트 필기 역시 미래의 나에게 정보를 공유하고 설명하는 것이나 다름없다. 시험 문제의 답을 쓰는 일도 '내가 알고 있다'는 사실을 상대가 알아주길 바라는 것이므로 공유형에 속한다.

내 감정이 중심인지, 객관적인 사실이 중심인지에 따라 감정형과 구분된다. 상대의 이해를 바라고 그에 따른 조치를 부탁하는 경우에는 요청형을 쓰면 된다.

③ 요청형

말하고자 하는 바	부탁이나 광고
자주 쓰이는 상황	요청서나 POP 광고, 부탁

예시	• '△△를 이런 식으로 수정해주세요' 식의 요청서 • '당신의 ××와 같은 행동을 개선해주길 바란다'라는 식의 요청

요청형은 '무언가를 사달라'거나 '이런 식으로 해주길 바란다'는 등 상대에게 부탁할 때 주로 쓴다. '이 책을 사주세요' 혹은 '이러한 계약을 하고 싶습니다'처럼 간청하고 싶을 때 쓰는 형식이다. 다음에 소개하는 주의형과 유사하므로 조심해야 한다.

④ 주의형

말하고자 하는 바	많은 사람이 인식하지 못하는 것이나 모르는 것
자주 쓰이는 상황	블로그, SNS, 논문

> **예시**
> - '요즘 젊은이들은 이러한 점을 잊고 있는게 아닌가?'라는 내용의 블로그 글
> - 의외로 모두가 놓치고 있다는 내용의 SNS 글
> - 이러한 경향은 좋지 않다는 내용의 논문

많은 사람이 당연하게 여기는 것에 이견을 제시하거나, 대다수가 미처 모르는 사실을 언급하여 환기를 시키고자 할 때 주의형을 주로 쓴다. 감정형과 공유형의 차이와 마찬가지로 주관적이냐 객관적이냐에 따라 요청형과 구분된다. 주관적으로 '부탁'하면 요청형, 객관적으로 '이렇게 하는 편이 좋다'고 주장하면 주의형이다.

'주관적'과 '객관적'이라는 말이 헷갈릴 수도 있는데, 사실 어렵지 않다. 내가 주어라면 주관이고, 모두가 주어라면 객관이다. '나는 이렇게 느꼈다'라고 쓰려면 주관적인 글이기 때문에 요청형이나 감정형을

4가지 주장의 형태

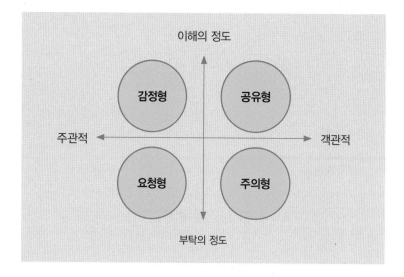

이해의 정도

감정형

공유형

주관적

객관적

요청형

주의형

부탁의 정도

쓰면 된다. 반면 '누구나 이렇게 생각한다'고 쓰려면 객관적인 글이니까 주의형이나 공유형을 쓰면 된다.

네 가지 형식 중에서 쓰고자 하는 글의 주장이 어디에 속하는지 꼼꼼히 확인한다. 그러면 자연스럽게 주장 만들기의 두 번째, 세 번째 단계도 쉽게 틀을 잡을 수 있다.

주장 만들기의 구체적 예

예1 서평을 쓸 때

① **쓰고 싶은 내용을 고려해 형식을 고른다.**

- 책을 읽고 난 감상을 쓰려면 감정형
- 책 내용을 누군가에게 설명함으로써 그 책을 이해했는지 확인하고 싶다면 공유형
- 정말 좋은 책이니까 누군가에게 추천하려면 요청형
- '이 책은 이런 생각을 일깨워준다', '나처럼 ○○에 어려움을 느낀 사람이라면 읽어보기를 바란다'는 식이라면 주의형

  이렇게 네 가지 중에서 선택한다.

② **형태에 맞는 주장을 열거한다.**

요청형이라면 책 구매를 추천하는 이유와 바람을 담아 쓴다. '이런 내용이 담겨 있으니 추천한다', '이 내용이 크게 도움이 되었다. 사세요', '이제까지 이런 내용을 배울 수 있는 책은 없었기에 감동적이다. 강력 추천', '나는 이 책에서 말하는 비법대로 따라해서 요령을 익혔다' 등의 예를 들 수 있다. 책을 사서 읽어도 좋다고 생각하는 이유를 구체적으로 늘어놓는다.

③ **열거한 내용 중에서 나의 주장을 고른다.**

길면 안 되고, 당연한 내용도 안 된다. 짧고 명확하면서도 뻔하게 느껴지지 않아야 한다. 그래서 '추천! 이제까지 이런 내용을 담은 책은 없었다'는 식으로 정리한다.

예2 누군가에게 감사의 마음을 전하고 싶을 때

① 감사는 나의 감정에 해당하므로 감정형을 선택한다.

② 감정이 구체적으로 드러나는 문장을 쓴다. '언제나 도와주셔서 고맙습니다', '힘들 때 도와주셔서 정말 감사합니다' '△△ 해주신 덕분에 살았습니다', '××건으로, 큰 신세를 졌습니다' 등을 나열해본다.

③ 나열한 내용 중 꼭 말하고 싶은 것을 고른다. 별다른 생각 없이 도와줬을지 모를 작은 일에 '힘들 때 도와주셔서 정말 감사합니다'라고 말하면 상대는 예상치 못한 감사 인사에 뿌듯함을 느낄 수 있다. 이런 식으로 감사한 마음을 전하는 것은 매우 훌륭한 방법이다.

예3 실험 리포트를 쓸 때

① 누군가에게 실험 과정을 정리해서 보고할 목적으로 리포트를 쓰는 경우가 대부분이므로 이때는 주로 공유형을 선택한다.

② 공유할 내용을 구체적으로 열거한다. 'A를 쓰면 이러한 효과가 있음을 확인했다', '실험 중 B 때문에 실패하는 경우가 많았다', '수업에서 배운 ○○이 참이라는 사실을 증명할 수 있었다' 등의 내용을 열거한다.

③ 열거한 내용 중에서 가장 알리고 싶고 중요한 내용을 고른다. 'A를 쓰면 이러한 효과가 있음을 확인했다'는 리포트는 읽는 사람에게도 새로운 정보일 수 있으므로 적절하다.

예4 '젊은 사람은 더 공부해야 한다'고 블로그에 쓰고 싶을 때

① 주장의 형식 가운데 하나를 고른다. 자신이 경험한 바에 비추어 '젊은 시절 공부를 소홀히 해 고생한 적이 많았다. 독자들은 같은 일을 겪지 않기 바란다'는 주관적인 생각을 전달하려면 요청형을 선택한다. 반면 '요즘 젊은 사람들의 공부가 부족해서 요즘 일본 사회가 점점 더 퇴보하는 것은 아닌지 생각해봐야 한다'와 같은 객관적이지만 도발적인 글을 쓰고 싶다면, 주의형을 선택한다.

② 요청이나 주의할 내용을 구체적으로 열거한다. '요청형'을 선택했다면 요청할 말을 구체화해야 한다. '사회에 나와서 제몫을 다할 수 있도록 어릴 때 필요한 공부를 빠짐없이 하길 바란다', '어른이 되어 후회하지 않으려면 젊어서 열심히 공부하기 바란다', '놀기만 하다가 자신의 재능을 썩히지 않길 바란다'와 같은 내용이 들어갈 수 있다.

③ 열거한 내용 중에서 자신의 생각이 가장 잘 드러나는 주장을 고른다. '젊은이들이 더 열심히 공부하지 않으면 일본은 앞으로 퇴보하게 될 것'이라는 자신의 생각을 알리고 싶다면 이것을 주장으로 삼는다.

Point 7 주장의 형식은 감정형, 공유형, 요청형, 주의형 네 가지뿐이다

● 요청과 주의를 구별해야 한다

모든 주장은 감정형, 공유형, 요청형, 주의형의 네 가지 형식 중 하나여야 한다. 자신의 주장이 어디에 해당하는지 의식하면서 결론을 작성하면, 모든 종류의 글쓰기가 가능해진다. '내 주장이 요청인지, 주의인지 잘 모르겠어…', '상대에게 감정도 전하고 정보도 공유하고 싶은데, 그러면 감정형일까? 요청형일까?' 이처럼 내가 말하려는 결론이 어떤 유형인지 고를 수 없는 사람이 있을 수도 있다. 하지만 이것을 선택할 수 없다면 문제가 있다는 점을 분명히 짚어두고 싶다. 다음의 문장을 읽고 어떤 생각이 드는가.

> 요즘 흡연자들은 에티켓이 좋지 않다. 어제 길을 걷다가 담배를 피우는 사람을 스쳐 지나면서 문득 위험하다는 생각이 들었다. 세상을 위해서라도 담배는 금지해야 하지 않을까.

위와 같은 문장을 읽고 '맞아, 담배를 금지해야 해'라고 생각할 사람이 몇이나 될까. 그리 많지 않을 것으로 보인다.

형태가 분명치 않으면, 절대 전달되지 않는다

이 글이 독자에게 설득력을 갖지 못하는 이유가 무엇일까? 그것은 요청과 주의가 섞여 있기 때문이다. '세상을 위해서라도 담배는 금지해야 하지 않을까'라는 문장은 주관적인 감정을 나타내는 주장이 아니다. '세상을 위해서'라고 쓴 이상 객관적으로 보고 판단한 주의형의 문장이다. 그러나 논거는 어떠한가. '어제는 걸어가다가 담배를 피우는 흡연자를 스쳐 지나면서 문득 위험하다는 생각이 들었다'고 말한다. 나의 경험, 즉 주관에 기반한 주장인 셈이다. 두 내용이 합쳐지면, '세상을 위해서 말한다고 하지만, 결국 나를 위한 거네', '어쩌다 마주친 흡연자의 에티켓이 나빴던 것뿐이지, 일반화할 수는 없지 않나?'라는 반박이 나올 것이다. 그럼 다음과 같은 글은 어떨까?

나는 어제 걸어가다가 담배를 피우는 흡연자를 스쳐 지나면서 문득 위험하다는 생각이 들었다. 보행 중에 담배를 피우면 위험하므로, 그러한 행위는 삼가길 바란다.

요청이라는 것을 인지하고, 주관적인 의견을 내놓은 형태다. 이렇게 쓰면 '이 의견은 틀렸다'고 반론하는 사람이 없을 테고, 하나의 글로써 주장이 충분히 전달된다. 위의 예에서 본 것처럼 요청형과 주의형 중에서 하나를 골라 주장을 만들어야 주장이 분명해진다.

그런데 두 가지 유형을 섞어서 결론을 내리는 사람이 상당히 많다. 개인적인 체험이나, 감정을 일반화해 '세상은 이렇게 더 좋아져야 한다'고 주장하는 경우를 말하는 것이다. 또 반대로 일반적인 주장을 주관적인 문제와 결부시켜 당부하는 바람에 상대가 받아들이지 못하는 경우도 많다. 이렇게 주장하는 사람이 적지 않다.

물론 주의형 주장을 하는 글에 나의 주관이 담겨도 괜찮거나, 요청형 주장을 하는 글에 보편적이고 객관적인 의견이 실려도 좋을 때가 있다. 하지만 이것은 어디까지나 '이 글은 요청이다', 혹은 '이 글은 주의형으로 쓰겠다'고 확실히 결정하고 난 뒤에 제한적으로 써야 한다.

어제 나는 보행 중 담배를 피우는 사람과 스쳐 지나며 불쾌감을 넘어 위험을 느꼈다. 그러고 보니 최근 걸어가면서 담배를 피우는 사람이 점점 늘어나고 있는 듯하다. 앞으로 이렇게 행실이 나쁜 사람이 늘어난다면, 세상을 위해서라도 담배를 금지할 필요가 있을지도 모른다.

위와 같이 일반적인 내용을 알리는 목적으로 쓰면서 자신의 체험으로 뒷받침한다면, 상대가 글을 이해하기 쉬워진다. 이처럼 요청인지 주의인지를 정하는 것은 의미 전달에 있어서 중요하다.

형태가 확고한 방향성을 만든다

요청과 주의만이 아니다. 감정과 공유 등 다른 형식도 마찬가지다. '우리 집 고양이는 귀여워서 보기만 해도 마음이 따뜻해진다'라는 주관적인 이야기를 늘어놓다가 느닷없이 '그러니 모든 사람은 고양이를 키워야 한다'라는 객관적인 말을 끄집어내면, 독자는 '뭐라는 거야? 그 말을 하려던 거였어?'라고 놀랄 수밖에 없다. 주장 만들기가 미리 정한 형태에서 벗어나면, 주장이 흔들려서 상대에게 정확한 메시지를 전달할 수 없다.

주장을 만들 때는 먼저 형태를 정한 뒤, 주장의 재료를 마련해야 한다. 그중에서 주장을 고르고, 남은 주장의 재료들은 실제로 글을 쓰면서 활용한다. 형태를 결정하고 주장이 될 만한 재료까지 준비되면 방향성은 흔들리지 않는다. 그러면 실제로 주장을 토대 삼아 글을 쓸 때도 독자가 이해하기 쉬운 글을 쓸 수 있다.

 ## Point 8 반드시 한 가지 형식을 정한다

3 | 목적 만들기로 독자를 끌어들이는 글을 쓸 수 있다

● 목적 만들기란

주장을 만들었으면 다음은 목적 만들기를 해야 한다. 주장 만들기
는 주장의 형식을 의식하면서 결론과 하고 싶은 이야기를 명확히 하는
단계다. 목적 만들기는 말하고자 하는 바를 상대가 어떻게 받아들이
도록 할지 고민하는 단계다. 어떤 고민인지 잘 모르겠다면, 먼저 설명
할 것이 있다. 바로 '보고하지 말 것'이다.

보고하지 말 것의 의미

대부분 '오늘 이러한 일이 있었다'라는 식으로 어떤 일을 누군가에
게 보고한 경험이 있을 것이다. 글을 쓸 때도 보고하듯 하는 사람이
많은데, 단순 보고 형식으로 글을 쓰면 안 된다. 왜 그런지 알아보자.

얼마 전 친구와 학교 근처 일식집에서 회정식을 시켰는데 테이블
에 간장이 없었다.

이 문장이 어떻게 느껴지는가? 아마 '그래서 뭐?'라는 생각이 들 것
이다. 마찬가지로 단순히 사건이나 현상을 보고하는 데 그치는 글은
상대에게 '그래서 뭐?'라는 반응을 끌어내기 십상이다. 여기에는 의도
가 빠져 있기 때문이다. 지금까지 '결론적으로 무엇을 말하고 싶은지'

를 최우선으로 생각해야 한다고 강조했으나, 보고하는 글은 그 반대다. 무엇을 말하고 싶은지가 아니라 말하는 내용 그 자체에 무게를 두어야 한다.

'들어가는 글'에서 좋은 글이란 상호작용성을 갖춘, 공감을 이끌어내는 글이라고 했다. 상대를 생각하면서 나의 견해를 풀어가는 방식이 '1%의 글쓰기'의 핵심이다. 보고는 일방적인 글쓰기다. 글쓴이가 내가 무얼 했는지 말하고 싶어서 쓰고 그냥 보고하는 셈이다. 그러면 앞의 문장을 본 독자처럼 '그래서, 뭐?'라는 생각이 들기 마련이다.

'보고를 위한 글도 있지 않나?' 생각하는 사람도 있겠지만, 보고서는 누군가에게 보고하는 글이 아니다. 공유가 목적이다. '공共'이라는 글자에서 드러나듯, 쌍방향적인 의미를 지닌다. 상대와 이야기를 공유하여, 상대의 승인을 받고 때로는 상대방의 의견을 듣기 위해서 쓰는 글이다. 사실을 알리고 상대의 견해를 끌어내야 한다. 즉, 상대에게 하는 일방적인 보고가 아니라 상대방의 반응까지도 염두에 두고 써야 하는 것이 보고서다.

그런 의미에서 노트나 회의록도 마찬가지다. 선생님의 설명이나 회의에서 나온 내용을 빠짐없이 적어봐야 성적은 오르지 않으며, 그런 회의록은 의미가 없다. 아무런 의도도 담기지 않은 채 그저 '이런 일이 있었다'고 보고하는 데 그친다. 이래서는 읽는 사람이 내용을 파악하기 어렵다. 절대 놓치지 말아야 할 포인트는 노트나 회의록을 읽을 사람을 생각하면서 '그 사람이 어떤 정보를 구할 수 있을지', '무엇을 알고 싶어서 이 글을 읽는지'를 염두에 두고 글을 쓰는 것이다. 만약 노트 필기라면 미래의 내가 알아보기 쉽게 써야 하고, 회의록이라면 참석하지 않은 사람이 회의 내용을 이해하기 쉽게 써야 한다. 의도나 결론이 담기지 않고 내용만 옮긴 것은 아무런 도움이 되지 않는다.

목적 만들기의 의도

목적을 만든다는 뜻은 글의 의도를 생각하는 것이다. 내 글을 읽은 사람에게서 어떤 반응을 이끌어내야 이상적일까? 상대가 어떤 행동을 보여야 글을 쓴 의미가 있을까? 상대방이 내가 쓴 글을 이해한다면 그것만으로 좋을지 모르고, 무언가를 변화시킬 수도 있다. 이처럼 상대가 어떻게 반응하길 바라는지, 의도를 고민하는 단계가 '목적 만들기'다.

1%의 글쓰기의 핵심은 '쌍방향성'이라고 언급했다. 주장 만들기의 방향이 '나 → 상대'였다면, 목적 만들기는 '상대 → 나'다. 양쪽 모두 상대가 이해하기 쉬운 글을 쓰기 위함이란 것을 알 수 있다.

  Point 9 독자가 어떻게 받아들일지 생각한다

● 목적을 만드는 방법

① 주장 만들기에서 고른 형식을 확인한다

내가 결정한 주장이 앞에서 보았던 요청형 / 주의형 / 공유형 / 감정형 중 어느 것인지 확인한다.

② 아래의 그림에 따라 목적과 수단을 확인한다

【요청형】→ 변화 / 공감

【주의형】→ 변화 / 수긍

【공유형】→ 이해 / 수긍

【감정형】→ 이해 / 공감

이것이 각 주장에 따른 목적과 수단이다.

목적과 수단은 주장의 형식에 따라 정해진다

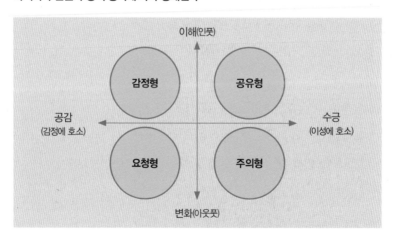

③ 주장 만들기에서 쓴 메모를 보고, 목적과 수단을 정리한다

변화와 수긍, 공감, 이해를 구체화해서 이것도 메모로 정리한다. 이 과정이 목적 만들기다. 갑자기 수단이 나타나 놀랐겠지만, 사실은 수단이 어떤 의미로는 목적이나 다름없다.

 Point 10 주장의 형식에 맞춰 목적과 수단을 정한다

● 목적과 수단에는 각각 두 가지가 있다

목적 ❶ │ 변화(아웃풋)

주장 만들기에서 '부탁'으로 표현한 부분이다. 목적은 상대의 변화를 바라는 것이다. '글을 읽고 내가 추천한 책을 상대가 구매했으면 좋겠다'는 의도가 전달되어 행동으로 이어지는 것이 가장 이상적이다. 단순히 상대에게 이해받는 것 이상의 무언가를 요구하며, 상대의 구체적인 행동을 끌어내는 것이 목적이기 때문에 '아웃풋'이라고 표현한다.

목적 ❷ │ 이해(인풋)

주장 만들기에서 '이해'라는 표현을 썼다. 이는 상대가 알아주는 것 자체를 목적으로 한다. 글을 읽은 사람이 내용을 이해하는 것이 이상적이다. 읽은 이의 구체적인 행위(아웃풋)가 있는지에 따라 목적①의 변화와 구별된다. 상대의 이해 자체가 목적이기 때문에 별도의 아웃풋이 요구되지 않는다. 즉 인풋(이해)만 만족한다면 목적에 부합하는 글이 된다.

수단 ❶ | 인정(이성에 호소)

주장 만들기에서는 객관적이라고 한 내용이다. 다시 말해 상대방이 인정할 수 있도록 하는 것이다. 글을 읽고 나서 '과연 그렇다, 맞다'고 수긍하는 상태가 이상적이다. 이를 위해 데이터나 실험 등 신뢰성이 높은 정보를 제시함으로써 빈틈없는 논리를 갖추어야 한다.

수단 ❷ | 교감(감정에 호소)

주장 만들기에서는 주관적이라고 설명한 부분이다. 상대의 공감을 목표로 한다. 독자가 '그래, 정말 그런 느낌'이라고 공감하게 만드는 것이 목표다. 공감을 얻기 위해서 자신의 체험이나 느낌을 표현하고, 감정에 호소한다.

아래에 정리한 네 가지 목적을 보고 다시 한번 형식을 확인해보자.

감정형	이해가 목적이며 공감이 수단
	상대에게 감정적으로 호소하여 상대에게 무언가를 이해받는다.
공유형	이해가 목저이며 인정이 수딘
	상대에게 감정적으로 호소하여 상대에게 무언가를 이해받는다.

요청형	변화가 목적이며 공감이 수단
	상대에게 감정적으로 호소하여 상대의 구체적인 변화를 유도한다.
주의형	변화가 목적이며 인정이 수단
	상대에게 논리적으로 호소하여 상대의 구체적인 변화를 유도한다.

 Point 11 목적에는 변화와 이해, 수단에는 수긍과 공감이 있다

● 목적 만들기의 두 가지 포인트

포인트 ❶ │ 공감에는 반드시 자신의 감정을 넣는다

앞서 공감은 상대방에게 감정적으로 호소하는 것이라고 말했다. 만약 주장에 글쓴이의 감정이 드러나 있지 않다면, 보완하는 것이 좋다.

포인트 ❷ │ 반드시 변화 이전과 이후를 의식해야 한다

이전에는 책을 사지 않던 사람이 갑자기 책을 사거나, 잘못된 행동을 그만두는 것과 같은 변화는 반드시 변화의 계기가 있다. 이 같은 변화를 목적으로 한다면, 변화 이전과 이후를 생각해봐야 한다. 변화한 이유가 공감과 인정을 받는다면 더할 나위 없이 좋다.

'젊은 사람이 더 공부하지 않으면 일본은 앞으로 취약한 나라가 될 것이다'는 문장은 '이 상태가 이어진다면 일본은 취약한 나라가 되고

만다'는 생각의 인정을 통해, '그러니까 젊은 사람이 더 공부하길 바란다'는 변화의 촉구로 마무리된다. 인정이 변화를 이끌어내는 요인으로 작용한 것이다.

목적 만들기의 구체적 예

구체적인 예를 통해 목적 만들기 단계를 한층 더 파헤쳐보자.

사례1 '이 약을 쓰면 이러한 효과가 나타날 것'이라는 주장

① 공유형

② '인정'이 수단이며 '이해'가 목적이다.
논리적으로 주장하여 상대에게 이해를 받는다.

③ 인정 = 실험을 통해 이러이러한 약효가 나타났다.
이해 = 따라서 이 약을 쓰면 효과가 있다고 말할 수 있다.

사례2 '답답한 상황에 처했을 때, ○○씨가 도와줘서
감사했다'는 주장

① 감정형

② 공감이 수단이며 이해가 목적
감정적으로 호소하여 상대의 이해를 받는다.

③ 공감 = 답답한 상황일 때 도와준 덕분에 이겨낼 수 있었다.
이해 = 그래서 나는 ○○씨에게 감사하다.

사례3 '이것을 배울 수 있는 책은 지금까지 없었다. 추천합니다!'
라는 주장

① 요청형

② 공감이 수단이며 변화가 목적
감정적으로 호소하고, 상대의 구체적인 변화를 이끈다.

③ 공감 = 지금까지 책에서 배울 수 없던 내용이 있어서 좋았다.
변화 = 이 책을 읽고 다들 나와 같은 경험을 해봤으면 한다.

사례4 '젊은 사람이 더 공부하지 않으면 일본은 장래 취약한
나라가 된다'는 주장

① 주의형

② 인정이 수단이며 변화가 목적
논리적으로 주장하여 상대의 구체적인 변화를 이끈다.

③ 인정 = 이 상태라면 일본은 취약한 나라가 되고 만다.
변화 = 그래서 젊은 사람이 더 공부했으면 좋겠다.

주장 만들기 단계에서 만든 주장이 목적 만들기를 통해 더 명확하고 이해하기 쉬워졌다. 특히 사례3과 사례4를 보면 더 분명하다. 목적 만들기는 상대방을 의식하면서 주장을 다시 정의하는 것이나 다름없

다. 따라서 목적 만들기를 통해 상대가 이해하기 쉬운 주장으로 보완할 수 있다. 인정과 공감을 목적을 위한 수단으로 소개했지만, 사실은 이 역시 목적의 일부이기도 하다.

그 이유는 글쓰기에서 독자가 인정하고 공감하는 내용은 수단보다 글로써 인정과 공감을 받는다는 목적과 일맥상통하기 때문이다. 인정과 공감을 주장의 수단으로 설명하지만, 실제로는 목적의 일부라는 사실을 기억해야 한다. 이 점을 알면 실제로 글을 쓸 때 '독자가 고개를 끄덕일 수 있는 글을 써야지', 혹은 '독자가 공감할 만한 글을 쓰고 싶다'는 목적의식이 생긴다. 그리고 이런 목적의식이 좋은 글쓰기로 이어진다.

 Point 12   **목적 만들기는 주장을 재정의해서 명확히 하는 것이다**

● 이해(인풋)보다 변화(아웃풋)을 목표로 삼는다

지금까지 목적을 만드는 방법을 살펴보았다. 글을 쓰기 전에 내가 무엇을 쓰고 싶은지, 글을 읽은 상대가 어떤 식으로 받아들이길 원하는지 분명하게 결정한다. 여기까지 준비하고 나면 '무엇을 써야 좋을지 모르겠다'는 고민은 분명히 사라졌을 것이다.

인풋과 아웃풋의 차이

이제 인풋과 아웃풋의 차이에 대해서 이야기하려 한다. 독자에게 이해를 받는 것과 독자를 변화시키는 것 중에서 어느 쪽이 힘들까? 정답은 독자의 변화다. 상대를 변화시키는 것이 상대에게 이해받는 것보다 몇 배는 어렵다. 아들러 심리학에 '바꿀 수 있는 것은 나, 바꿀 수 없는 것은 타인'이라는 대목이 있는데, 사람을 변화시키기는 정말 어렵다. 하물며 그 어려운 일을 글만으로 해내기는 거의 불가능에 가까워 보인다.

그러나 글은 언제나 변화를 목표로 삼아야 한다. 변화는 읽는 사람에게서 쓴 사람으로 향하는 화살표를 의미하기 때문이다. 쌍방향적인 글을 쓰는 것이 '1%의 글쓰기'의 주제다. 상호작용을 목표로 글을 쓰면 상대방이 읽기 쉽고 좋은 글을 쓸 수 있다. 글을 통해 독자가 변한다면, 나의 글을 통해 상대에게서 아웃풋이 나온다면, 이는 독자가 저자에게 몸을 맡긴 것이나 다름없다. '한번 해볼까!'라고 느낀 것이기 때문이다. 따라서 상대의 아웃풋을 이끌어내는 것, '실제로 해보자'라는 생각이야말로 상대가 글을 깊게 이해했다는 뜻이다.

아웃풋을 의식한 글은 강하다

요리책을 산 사람이 요리를 따라하고 요가책을 산 사람이 실제로 요가를 해보듯, 독자가 실제로 행동하게끔 만들어진 책은 예전부터 줄곧 사랑을 받아왔다. 한때 일본에서 〈카메라를 멈추면 안 돼!〉라는 영화가 크게 유행한 적 있다. 이 영화는 보고 나면 SNS에 후기를 남기고 싶어지는 작품이다. 이 영화는 SNS에서 관람객들의 입소문이 퍼지면서 뒤늦게 히트했다. 또 《비밀의 정원》이라는 책이 베스트셀러가 된 이유는 이 책을 산 사람들이 자신이 색칠한 그림을 SNS에 자랑하듯 올린 덕분이었다. 독자가 구체적인 행동을 한 경우라고 할 수 있다. 잘 팔리는 책, 많이 읽히는 기사나 블로그, 좋은 평을 받은 글은 처음부터 독자의 변화, 즉 아웃풋을 염두에 둔 경우가 많다. 그렇기에 어렵더라도 변화를 목적으로 하는 것이 중요하다.

참고로 나는 주의형을 목표로 이 책을 썼다. 따라서 읽는 이의 인정을 기반으로 변화를 이끌어내는 것을 목적으로 한다. 실제로 여러분이 행동해준다면 나의 목적은 달성되는 셈이다. 여러분도 실제로 결론쓰기를 실천해보기 바란다. 이 책을 차근차근 따라가다 보면 분명 상대에게 쉽게 전달되는 좋은 글을 쓸 수 있을 것이다.

 Point 13 글쓰기의 목적은 상대를 변화시키는 것이다

목차를 만들면 읽기 쉬운 글이 된다
- 1%는 연결과 순서를 의식한다

1 | 읽기 쉬운 문장은 논리적이다

● 영리하지 않은 독자

주장을 결정했다면, 이제는 실제로 글을 쓴다. 여기서 알려줄 '목차 만들기'는 논리적이며 상대가 이해하기 쉬운 글을 쓰기 위해서 어떤 형식으로 글을 쓰면 좋을지 파악하는 기술이다. 이 기술을 소개하기 전에 한 가지 유감스러운 소식이 있다. 당신의 글을 읽는 사람은 독해력이 뛰어난 독자가 아니라는 점이다. 오해를 무릅쓰고 분명하게 말한다.

당신이 생각하는 만큼 독자는 영리하지 않다. '무슨 소리를 하는 거야?'라고 생각할지도 모르지만, 이것은 글을 쓰는 사람이 반드시 알아야 하는 진리다. 나는 지금까지 수많은 도쿄대 지망생들의 공부를 지도해왔다. 도쿄대 입시 문제는 대부분이 서술형인 탓에, 학생이 쓴 글을 첨삭해야 하는 일도 많았다.

그때마다 거의 매번 학생들에게 하는 말이 있다. '이 부분, 무슨 말인지 모르겠는데?'라는 말이다. 거의 모든 학생들에게 '이 문장은 이해가 안 된다'고 지적한다.

도쿄대를 지망하는 수험생도 예외는 아니다

예를 들어, 작문 문제를 다음과 같이 답한 사람이 있었다.

Q 자동차와 지하철, 무엇을 타는 편이 좋다고 생각하는가?

A 나는 자동차보다 지하철을 타야 한다고 생각한다. 공기가 좋아지기 때문이다.

읽고 나서 어떤 느낌이 드는가? 당신은 이 답안이 쉽게 이해되는가? 억지로 이해하려 들면 이해할 수는 있다. '아마 자동차를 타면 이산화탄소가 배출되지만, 지하철은 그렇지 않으니까 지하철을 타는 편이 더 좋다는 뜻이겠지?'라고 생각하는 사람이 더러 있을 것이다. 하지만 글쓰기로서는 감점이다.

자동차보다 지하철을 타야 한다. → 공기가 깨끗해지기 때문이다.

명백한 비약이다. 독자가 중간 과정을 덧붙이지 않으면 무슨 말을 하고 싶은지 알 수 없다. 그래서 내가 '이 부분, 무슨 말인지 모르겠는데?'라고 물어보면, 학생들은 대부분 '어느 부분이요? 앞뒤가 잘 맞는데요?'라고 말한다. '이 부분이 말이야'라고 계속 지적해도 논의는 평행선을 달린다. 결국 학생은 '채점하는 사람은 도쿄대 교수이고 똑똑한 사람일 테니 이해해주겠죠'라고 말한다. 문제가 드러났다. 좋은 글쓰기를 방해하는 가장 큰 병, '똑똑한 독자병'이다.

똑똑한 독자병이란

'뭐, 이해해주겠지! 살짝 비약이 있고, 어렵더라도 독자가 이해해줄 거야!' 이런 지레짐작으로, 하고 싶은 말이 무엇인지 명확하지 않은 글을 써버리는 병. 이것이 '똑똑한 독자병'이다. 이 병에 걸리면 '독자가 이 글을 이해할까?' 대신 '이 정도면, 알아주겠지'하고 독자를 의식하지 않은 채 글을 쓰게 된다. 게다가 똑똑한 독자병의 나쁜 점은 머리가 좋은 필자일수록 '독자도 나만큼 머리가 좋겠지' 하는 착각에 쉽게 빠져든다. '독자도 이 정도는 당연히 알겠지'라고 믿으면서, 자신의 상식을 독자에게 강요한다. 결국 독자가 전혀 이해할 수 없는 글을 쓰고 만다. '나는 그런 글은 쓰지 않는다'고 생각하는 사람이야말로 똑똑한 독자병에 걸린 환자일지 모른다. 그런데 재미있는 점은 똑똑한 독자병에 걸린 사람도 같은 병에 걸린 다른 사람의 글을 보면, 논리적 비약 등 감점 부분을 쉽게 집어낼 수 있다는 사실이다. 다른 사람의 글에서는 대번에 이상한 점을 발견하지만, 자기가 쓴 글에서는 이상한 점을 알아채지 못한다.

논리 비약은 0점

'내 글을 채점하는 교수는 머리가 좋을 테니 이해할 거야!'라는 막연한 기대는 버리는 게 좋다. 논리 비약이나 이해하기 어려운 글은 읽자마자 0점이다. 분명히 단언할 수 있다. 내가 증인이기 때문이다. 지금은 잘난 체 설명하고 있지만, 사실 나도 심각한 똑똑한 독자병 환자였다. 글을 써서 보여주면 "뭘 말하고 싶은 거야? 무슨 말인지 모르겠다"는 말을 달고 살았다. 그때마다 '왜 모르겠다는 거야? 당신만 모르는 거겠지'라고 생각하고 내 글을 고치려 하지 않았다. 재검토 없이 쓰고 싶은 대로 쓰다 보니, 점점 더 이해할 수 없는 글이 되어갔다. 이 과정을 반복하다 도쿄대에 두 번이나 떨어지고 나서야 내가 틀렸음을 깨달았다. 여러분은 나 같은 실수를 반복하지 않길 바란다.

지금부터 똑똑한 독자병을 퇴치하기 위해서 고안해낸 완벽한 치료법을 제안하려 한다. 하지만 이 병을 고치기 위해서는 본인의 강한 의지가 필요하다. 이 병에 걸리지 않으려는 강한 의지를 갖고 '상대가 이해할 수 있는 글을 쓰자'는 의식을 일깨워야 한다. 그래야 이 병을 극복할 수 있다.

Point 14 **독자는 똑똑하지 않다**

● 친절한 문장은 논리적인 문장

나는 자동차보다 지하철을 타야 한다고 생각한다. 왜냐하면 공기가 깨끗해지기 때문이다.

이 문장은 왜 상대가 이해하기 어려운 문장일까? 무엇을 보완하면 상대에게 전해지는 문장이 될까? 앞에서는 논리 비약이라고 설명했다. 그렇다면 논리 비약은 어떤 의미일까?

논리가 무엇인지 다시 생각해보자

먼저 논리가 무엇인지 설명하겠다. 논리적 사고나 논리 비약처럼 '논리'라는 말을 접할 기회가 많은데, 구체적으로 논리가 무엇인지 깊이 생각해본 사람은 별로 없을 것이다. 논리를 한마디로 말하면 연결이다. 이론이나 문장, 이야기의 연결고리가 논리이며 이것들을 연결짓는 법이 곧 논리적 사고다.

예를 들어보자. '그는 달리기를 잘하니까, 다음 달리기 시합에서 일등을 할 거야'라는 문장은 별다른 위화감이 느껴지지 않는다. '다음 달리기 시합에서 그가 일등을 할 거야. 달리기를 잘하니까'라고 써도 마찬가지다. 앞뒤 문장이 서로 호응하고 상대방도 이해하기 쉬운 논리이기 때문이다.

그는 달리기를 잘한다. → 다음 달리기 시합에서 일등을 할 것이다.

이 두 가지 요소의 연결이 쉽게 보이기 때문이다. 하지만 '그는 달리기를 잘하니까, 다음 달리기 시합에서 2등을 할 거야'라고 하면 다들 '왜 2등이야?'라며 의문을 가질 것이다. '달리기를 잘하면 1등을 해야 하는 거 아닌가?'라고 생각할 것이다.

그는 달리기가 빠르다
→【하지만 반에 그 아이보다 달리기를 잘하는 아이가 한 명 더 있다】
→ 따라서 다음 달리기 시합에서는 2등을 할 것이다

위 예에서 알 수 있듯이 둘 사이에 한 가지 다른 정보가 더 있는데 이 정보를 쓰지 않는 바람에 앞뒤 문장의 연결이 보이지 않고, 그 결과 논리적이지 않은, 그래서 이해하기 힘든 글이 되어버린 것이다. 논리적이라는 말은 연결이 탄탄하다는 뜻이다.

나는 자동차보다 지하철을 타야 한다고 생각한다.
→ 자동차는 지하철과 달리 화석연료를 사용한다.
→ 화석연료는 대기 오염의 원인이 된다.
→ 따라서 자동차가 아니라 지하철을 타면 공기가 깨끗해질 것이다.

위의 예처럼 앞뒤 문장들의 관련성이 명확하게 드러나지 않으면 논리적인 글이 될 수 없다.

나는 자동차보다 지하철을 타야 한다고 생각한다.
→ 공기가 깨끗해지기 때문이다.

여기서는 앞뒤 문장 사이에 있어야 할 몇 가지 논리가 생략되어 있다. 이래서는 둘 사이의 논리적 연관성이 보이지 않아 독자가 이해하기 힘들다. 즉, 상대가 이해할 수 있는 논리적인 문장을 쓰고 싶다면 반드시 연결을 의식해야 한다.

논리적이지 않은 글은 목적지 없는 내비게이션

STEP1에서 '내비게이션에 목적지를 입력하지 않으면, 목적지까지의 길을 알 수 없다'고 말했다. 논리가 부족한 문장은 경로가 불투명한 문장이다. '남쪽으로 가다 보면 언젠가는 부산에 도착합니다'라고 내비게이션이 안내한다면 매우 당황스러울 것이다. '이 길을 따라 곧장 가다가, 몇 미터 앞에서 우회전한 뒤 다시 좌회전입니다'라고 정확히 안내해주지 않는 이상 누구도 부산까지 갈 수 없다. 따라서 논리를 신중하게 정리할 필요가 있다.

 Point 15 **필요한 내용이 빠짐없이 들어가 있어야 논리적인 글이다**

● 독자의 위치를 파악하라

똑똑한 독자병을 고치고 논리적인 글을 쓰기 위해서는 독자의 위치 또한 정확히 파악해야 한다. 결론 쓰기 부분에서 독자를 어디로 이끌고 싶은지가 곧 목적지라고 이야기했다. 목적지는 설정했지만 독자가 어디 있고 어떤 경로로 가야 할지 모른다면, 결국 독자는 목적지에 도착하지 못한다. 즉 읽어도 무슨 말인지 모른다는 뜻이다.

내비게이션도 마찬가지다. 현재 위치가 어딘지 모른 채 목적지만 입력해서는 길을 안내받을 수 없다. 독자의 위치를 정확히 알아야 똑똑한 독자병도 사라진다. 독자를 제대로 이해하고 있다는 뜻은 독자가 '이 부분은 이해하기 어렵다' 또는 '여기는 논리 비약'이라고 느낄 만한 부분을 인지하고 있다는 의미다.

독자의 현재 위치를 알면, 혹시 목적지까지 거리가 멀더라도 그때그때 대처할 수 있다. 거리가 멀면 일단 가까운 곳을 목적지 삼아 가면 된다. 무작정 '강릉에서 해남까지 차로 어떻게 가면 될까요?'라는 질

문을 받으면, 어안이 벙벙할 것이다. 거리가 워낙 멀다 보니 어떻게 설명해야 할지 가닥이 잡히지 않을 것이다. 먼 곳까지 단숨에 독자를 데려갈 수는 없다. 우선은 강릉에서 대전까지 가는 방법, 다시 대전에서 광주, 광주에서 순천……. 이렇게 차근차근 짧은 구간을 알려주면서 마지막에 해남까지 도착하면 된다. 거리가 멀더라도 멀다는 사실을 자각하고 있으면 논리적인 글을 쓸 수 있다.

 Point 16 독자의 위치를 모르면, 꼭 써야 할 내용을 알 수 없다

2 | 경로를 선택하면 논리적이고 타당한 형식이 보인다

● 형식을 장악하면 어떤 글쓰기도 자유자재로 할 수 있다

지금부터는 독자의 위치를 정확히 파악하고 그곳에서 목적지까지의 여정을 어떻게 설정할지 알아보려는데, 이쯤 되면 분명 글쓰기가 귀찮아진 사람이 나타날 것이다. 목적지를 정하고 독자의 위치를 찾아 구체적인 경로를 생각하는 일련의 과정이 얼핏 보기에는 복잡해 보일지도 모른다. 하지만 그 고민은 경로 정하기로 해소된다.

글의 형식을 먼저 정하고 나서 형식에 맞춰서 쓰기만 하면 된다. 글의 형식만 이해해도 가독성이 높은 글의 골격을 쉽게 만들 수 있다.

형식은 고속도로 같은 것

글에는 세 가지 형식의 왕도가 있다. 과거부터 지금까지 어떤 글이든 세 가지 형식에 따라 쓰였다. 형식의 틀에 맞추기만 하면 논리적인 글을 쓸 수 있다. 다시 내비게이션으로 예를 들면, 형식은 고속도로와 같은 역할을 한다. 내비게이션을 써본 사람이라면 이해하기 쉬울 텐데, 멀리 가려면 우선 가까운 고속도로까지 안내되고, 거기서 고속도로를 타고 목적지 근처까지 간 다음 고속도로에서 나와 목적지까지 연결되는 경로를 안내받는 것이 일반적이다.

운전을 하지 않는 사람이라면, 지하철을 떠올려보자. 멀리 떨어진 목적지까지 가려면 우선 목적지 근처까지 지하철을 타고 가서 다시 목적지로 이동하는 것이 일반적이다. 지하철을 타지 않고 목적지까지 걸어가려면 시간도 오래 걸리고 힘도 많이 든다. 이렇듯 많은 사람이 거쳐 가는 왕도가 있다. 그 길을 따라가는 것만으로 빠르고 편하게 목적지까지 도달할 수 있는 경로가 있는데, 그것이 바로 형식이다.

형식은 글쓰기의 왕도

앞서 말했듯이 똑똑한 독자병에 걸리지 않으려면 독자의 현재 위치를 파악하고 그곳에서 목적지까지의 경로를 찾아야 한다. 하지만 독자의 위치를 일일이 찾아서 경로를 모두 수정하려면 여간 힘이 드는 게 아니다. 그럴 바에야 글쓰기의 왕도, 형식에 따라 독자에게 목적지까지 가장 쉽게 도달하는 경로를 제시하고 목적지 근처까지 빠르게 이동하는 편이 훨씬 효율적이다.

'형식이라니 어려워 보인다', '글쓰기의 왕도라니 복잡하다' 이렇게 생각하는 사람도 있겠지만 문제없다. 이 왕도는 예전부터 있었고, 모두 우리에게 익숙한 형태다. 눈에 익숙한 만큼 기억하기 쉽고, 한번 배우면 나중에는 필요할 때마다 몇 번이고 꺼내어 쉽게 활용할 수 있다.

최근 10년간의 도쿄대 입시 기출문제, 센터시험(일본 수능) 국어 과목에 출제된 지문, 중고등학교 교과서에도 나오는 글의 형식은 모두 세 가지 유형으로 설명할 수 있다. 이처럼 많이 쓰이기 때문에 언젠가는 접해본 형식이고, 앞으로도 자주 보게 될 것이다. 우선 세 가지 왕도를 익히고 나서 경로 찾기를 꼭 습득하기를 바란다.

Point 17 세 가지 형식을 익히면 누구나 이해하기 쉬운 글을 쓸 수 있다

● 왕도의 3가지 형식

① 동격형

개요	자신의 주장을 다른 말로 바꿔가면서 제시하는 형태
대상 독자	해당 주장에 익숙한 독자에게 사용
분야	설명, 논설, 채팅, 설득 등 폭넓게 쓰임

주장을 반복하되 다른 표현으로 바꿔 말하면서 상대에게 알려주는 것이 동격형이다. 우선 '이렇게 말할 수 있다'는 주장을 하고 그 주장의 이유나 구체적인 예, 자세한 설명 등을 덧붙인다. 그리고 마지막에 '그렇기 때문에 이렇다'고 주장을 되풀이하는 방식이다. 처음과 마지막에 같은 주장을 반복해서 프레젠테이션 분야에서는 '샌드위치 포맷'이라고도 부른다. 왕도 중에 왕도, 가장 흔한 형태의 글이다.

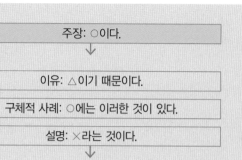

동격형의 예

공부하다가 초콜릿을 먹으면 좋다. 초콜릿에 포함된 당분이 두뇌를 움직이는 에너지로 쓰이기 때문이다. 또 공부하다가 초콜릿을 먹으면 집중력이 좋아진다는 연구 결과도 있다. 집중해서 공부하고 싶을 때는 초콜릿을 먹으면 도움이 된다.

- 공부하면서 초콜릿을 먹으면 좋다. (주장)
- 뇌를 쓸 때 초콜릿에 포함된 당분이 에너지로 쓰인다. (주장의 이유)
- 공부하면서 초콜릿을 먹으면 집중력이 좋아진다는 연구 결과도 있다. (주장의 구체적 사례)
- 집중해서 공부하고 싶을 때 초콜릿을 먹으면 도움이 된다. (주장의 반복)

이렇게 주장이 반복되는 걸 볼 수 있다. 미묘하게 뉘앙스는 다르지만, 이유를 들거나 구체적인 예를 제시함으로써 기본적으로 같은 주

장을 계속 반복한다. 같은 말을 앞뒤로 배치해 상대를 이해시키는 구
조가 동격형이다.

② 인과형

개요	원인과 결과의 관계가 글 안에 나타나는 형식
대상 독자	해당 주장을 모르거나, 들어본 적 없는 독자
분야	리포트, 논의가 나뉘는 내용, 새로운 정보가 많은 설명문

인과형은 원인이 되는 사실을 열거하고 마지막에 '따라서 이렇다'
라면서 결과로 자신의 주장을 말하는 형식이다. 예를 들면, 처음에는
'○○이 있다. ○○이란 무엇인가?'와 같이 객관적 사실이나 독자가 궁
금해할 만한 내용을 던진다. ○○에는 주장 만들기에서 말했던 기존의
사실이 들어가고, 이어서 보충하거나 구체적 사례를 들어 설명한다.

다음으로 '○○는 ××이다'라는 식으로 점점 미지의 방향으로 진행
하다가, 마지막에는 '××이기 때문에 ●●이다'라고 자신의 주장을 말
한다. 이것이 인과형이다.

동격형에서는 주장을 처음부터 말하지만, 인과형은 주장을 굳이 먼
저 말하지 않는 대신 모두가 알고 있는 사실이나 질문으로 시작해서
독자가 받아들이기 쉽게 만든다. 만일 주장이 딱딱하거나 이해하기 어
려운 내용이라도, 사실이나 질문처럼 접근하기 쉬운 것부터 시작하면

독자가 이해하기 쉬워진다.

그렇기에 인과형은 동격형보다 주장하는 내용이 어려워서 독자
가 이해하기 힘들거나, 논의가 나뉘는 사안에 주로 쓰인다(자세한 내용은
STEP3. '1인 토론' 부분을 참고하기 바란다).

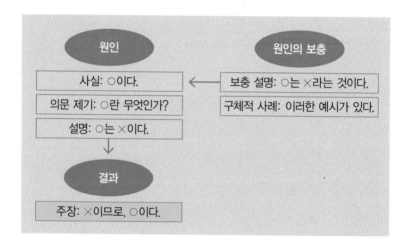

인과형의 예

공부하다가 머리가 지끈거리고 피곤한 적이 있는가? 그것은 두
뇌가 당분을 요구하고 있다는 증거다. 사실 두뇌는 쓰면 쓸수록
더 많은 당분을 필요로 한다. 당분은 두뇌의 연료나 다름없다.
그러므로 공부하다가 머리가 지끈거리고 피곤하다고 느끼면, 초
콜릿 등을 먹어 당분을 보충하도록 하자.

공부하다가 머리가 지끈거리고 피곤했던 적이 있는지 묻고 두뇌가 당분을 요구하는 증거라는 사실을 말한 뒤, 이것에 대해 '두뇌는 쓰면 쓸수록 더 많은 당분을 필요로 한다'는 설명을 보충한다. 그리고 마지막에 '초콜릿 등을 먹고 당분을 보충하라'는 주장으로 마무리한다.

이렇듯 글 안에서 인과관계를 정리해 독자에게 보여준다.

One Point Advice 의문 제기를 조금 더 자세히 설명하겠다. 글의 주장이 그대로 답변으로 적용되는 질문이나, 사실을 내포한 질문을 독자에게 던지는 것이 의문 제기의 한 방법이다. 위의 예에서는 공부하다가 뇌가 피곤할 수 있다는 사실을 가져다가 공부하다가 머릿속이 피곤하다고 느낀 적이 없는지 묻는다.

주장이 그대로 드러나는 질문을 이끌어내는 방법을 확인해보자.

- 의문 제기: '급할수록 돌아가라'는 말이 사실일까?
  → 주장: 나는 '급할수록 돌아가라'는 말이 맞지 않는 경우가 얼마든지 있다고 생각한다.

- 의문 제기: '○○씨를 해고해도 괜찮을까?
  → 주장: 나는 ○○씨를 해고하면 안 된다고 생각한다.

③ 비교형

개요	두 가지 이상의 내용을 비교해서 말하는 형식
대상 독자	해당 주장을 의심하는 독자
분야	논란이 되는 사항, 선택지가 있는 내용

우선 두 가지 이상의 대립되는 개념, 두 가지 이상의 선택지를 꺼낸다. 예를 들어 '고기와 생선', '고추장과 된장', '프라이드와 양념', '사랑과 돈' 등 비교되는 사례를 처음부터 언급하는 것이다. 그리고 두 개념을 자세히 설명하거나 예시를 제시하고 비교한 뒤에 주장을 꺼낸다. '이와 같은 이유로 고기가 좋다'는 식으로 한쪽을 골라도 괜찮고, '다른 만큼 모두 다 좋다'는 식으로 새로운 개념을 제시하거나, 두 가지를 합친 대안을 주장하는 방법도 있다. 비교하면서 한쪽을 알기 쉽게 보여주기도 하고, 논의가 어떻게 나뉘는지 정리하는 방식도 있다. 세 가지 형식 중에서 가장 논리적인 형식이다.

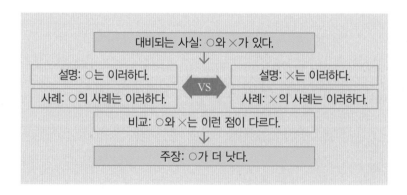

비교형의 예

공부하다가 배가 고프면 감자칩과 초콜릿 중에 무엇을 먹는 것이 좋을까? 감자칩은 칼로리가 높아서 밤에 먹으면 살이 찌는 원인이 된다. 반대로 초콜릿은 칼로리가 그만큼 높지 않으며, 무엇보다 초콜릿의 당분이 지친 뇌를 깨워주는 에너지가 된다. 공부 중에는 감자칩보다 초콜릿을 먹는 것이 더 도움이 된다.

감자칩과 초콜릿이라는 대비되는 두 가지를 가져와서 칼로리나 당분을 근거로 감자칩과 초콜릿의 차이를 구체적으로 설명하고, 최종적으로는 '초콜릿이 낫다'고 결론 내리는 주장의 글이다. 이처럼 두 가지를 비교하면서 자신의 주장에 귀결시키는 것이 비교형이다.

One Point Advice 어느 한쪽이 좋다고 말하는 비교형도 많지만, 어느 쪽이든 좋은 측면이 있다는 식으로 새롭게 제안하면서 마무리짓는 방법도 있다. 이 또한 비교형에 속한다. 두 가지 이상의 대상을 깊이 분석하고, 분석을 바탕으로 마지막에 결론을 내리는 것이 비교형의 특징이다. 따라서 비교나 대비와 관계 없는 문장은 필요 없는 경우가 많다. 비교형을 검토할 때는 무엇보다 두 가지 대상을 의식하며 읽어보자.

Point 18 **동격형, 인과형, 비교형을 마스터하자**

● 독자에 따라 다르게 쓰이는 세 가지 형식

세 가지 형식을 모두 이해했는가? 세 가지 형식은 어째서 왕도가 되었을까? 그 이유는 각각의 형식이 설득하려는 상대를 주장에 익숙한 사람, 주장과 거리가 있는 사람, 주장을 의심하는 사람의 세 가지 패턴으로 나누어 대응하기 때문이다. 구체적으로 예를 들어보면, 쉽게 알 수 있다. 당신이 친구들에게 '내일은 쇠고기덮밥을 먹자'고 주장하려면 어떻게 설득해야 할까?

① 쇠고기덮밥이 별로라는 친구에게 '쇠고기덮밥은 맛있어. 싸지만 양도 많고 좋은 점이 많다'면서 쇠고기덮밥의 장점을 들어 설득할 수 있다. 이것이 동격형이다. 쇠고기덮밥의 장점을 통해 '내일 쇠고기덮밥을 먹자'고 설득하기 때문이다.

② '쇠고기덮밥은 전혀 생각도 못 했다'고 말하는 친구가 있다면 '너도 이번 달 적자라고 했으니까 싸게 쇠고기덮밥 먹자'라고 상대방의 상황을 끌어와서 설득할 수 있을 것이다. 이것은 인과형이다. 상대가 돈이 부족하다는 사실에서 도출할 수 있는 결과를 통해 '내일은 쇠고기덮밥을 먹자'고 주장하기 때문이다.

③ '쇠고기덮밥? 그것보다는 카레가 더 좋아'라며 쇠고기덮밥에 좋은 점수를 주지 않는 친구에게는 쇠고기덮밥이 카레보다 싼 데다가 덮밥집이 카레 가게보다 가깝다고 비교하면서 쇠고기덮밥을 추천하는 방식으로 설득한다. 이것이 비교형이다. 카레와 쇠

고기덮밥이라는 대비되는 사실을 가져와 '쇠고기덮밥이 싸다', '덮밥집이 역에서 가깝다'라는 부연 설명으로 '내일은 쇠고기덮밥을 먹자'고 주장하기 때문이다.

이렇듯 각각의 형식은 상대와 상황에 따라 다르게 활용될 수 있다. 앞서 독자의 위치를 이해하는 것이 중요하다고 강조했는데, 이 세 가지 패턴 중에서 독자의 위치에 따라 알맞게 적용하면 곧바로 경로를 찾을 수 있다. 그런 다음 형식에 맞춰 글을 쓰다 보면, 어느새 독자와 함께 원하는 목적지까지 쉽고 빠르게 도착할 수 있을 것이다.

 Point 19 **세 가지 형식은 독자와의 거리에 따라 다르게 쓰인다**

● 경로 만드는 법

이제 경로를 만드는 구체적인 방법을 살펴보자.

① **결론 쓰기의 주장과 목적을 확인하고 그 말을 누구에게 전하고 싶은지 구체적으로 떠올려본다.**
당신의 지인 중 한 명을 독자로 삼는다. 채팅이나 메일을 주고받는 사람이어도 좋고, 블로그나 SNS 친구 같은 사람을 떠올리는 것도 좋다. 다만 구체적이면 구체적일수록 좋다.

② 독자가 주장과 목적에 대해 아래 관계 중 어디에 해당하는지 생각한 뒤, 한 가지를 골라 그것이 어떤 경로인지 메모한다.

Ⅰ 주장과 그다지 멀지 않은 상대 → 동격형

가장 흔한 패턴이다. 솔직하게 이렇게 하는 게 좋겠다는 말을 듣는 것만으로 이해하고 행동할 정도로 주장하는 바와 가까운 상대라면 동격형을 쓴다. 주장을 만들 때 미지의 정보와 기존 정보가 함께 제공되는데, 기존의 내용을 많이 꺼내는 유형이 동격형이다.

주장에 대해 잘 모르는 상대라도 알려주면서 설득하기 쉽고, 어느 정도 지식이 있더라도 주장과 가까운 상대라면 동격형을 사용하는 것이 좋다.

Ⅱ 주장과 거리가 있는 상대 → 인과형

자세히 설명해야만 이해하는 상대라면 인과형을 쓴다. 기존 정보와 미지의 정보 중에서 미지의 내용이 많을 때 주로 쓰는 패턴이다. 주장을 직설적으로 말해도 받아주지 않을 가능성이 높다면 인과형을 써보자.

Ⅲ 주장을 반신반의하는 상대 → 비교형

주장하는 내용과 얼마나 가까운지와 상관없이 상대가 복수의 선택지를 가지고 어느 쪽이 좋을지 고민하는 상황이나, 정말 선택해도 괜찮을지 고민한다면 비교형을 쓰는 것이 좋다. 또 결론 쓰기에서의 주의형, 요청형처럼 상대의 직접적인 행동을 바랄 때도 비교형을 많이 쓴다.

망설여질 때는 동격형, 행동을 바랄 때는 비교형

독자의 성격에 따라 어떤 형식을 골라야 할지 조금은 감이 잡혔을 것이다. '동격형과 인과형 중에서 뭐가 좋을까?' 혹은 '동격형과 비교형 중에 어느 쪽이 효과적일까?' 고민할지도 모르겠다. 그런데 망설여질 때는 동격형을 선택하면 좋다. 동격형이 글쓰기에 가장 편하기 때문이다. 직설적으로 표현하고, 자신의 주장을 몇 번씩 거듭하며 독자의 이해를 높이는 형식이므로 어렵게 생각하지 않아도 된다.

판단이 어려울 때는 편한 글쓰기 방식을 고르면 된다. 몇 번이고 쓰다 보면, 판단력도 높아질 것이다. 우선은 글쓰기를 실천할 수 있는 형식으로 골라보자. 상대방에게 더 깊은 이해를 바라거나, 글을 읽고 나서 행동하길 원할 때는 비교형을 쓰는 것이 효과적이다. 상대가 반신

반의한다는 것은 독자가 그만큼 해당 글에 관심이 많다는 뜻이기도 하다. 글 내용이 정말 그러한지, 어떤 근거에서 비롯되었는지 흥미를 느낀다는 의미다. 비교형은 그런 독자를 상정하고 쓰는 방식이어서, 다른 두 형식보다 독자가 글에 더 깊이 빠져들 가능성이 높다.

이처럼 형식을 고르면 경로가 드러난다. 그다음은 논리적으로 내용이 이어지도록 글을 쓰면 된다.

Point 20 글의 구조, 주장과 독자와의 거리로 정해진다

1인 토론으로 설득력 있는 글쓰기
– 상대의 마음을 자극하라

1 | 설득력 있는 문장은 독자가 집중한다

● 독자를 기자 대하듯

STEP1과 STEP2에서 어떻게 하면 글을 잘 쓸 수 있는지 설명했다. 결론과 목차를 작성함으로써, 무엇을 쓸지 그리고 어떻게 상대가 읽기 쉬운 글을 쓸지 고민했다. 결론 쓰기와 목차 만들기는 일종의 기술인 셈이다. 들어가는 말에서 언급한 1%의 글쓰기의 비법인 쌍방향성의 차원에서 말하자면, 지금까지는 나에게서 상대방으로 향하는 화살을 만드는 과정이었다. 상대가 읽기 쉬운 글, 상대를 배려하는 글을 쓰는 것이다.

하지만 쌍방향성은 나에게서 상대방으로 향하는 화살만으로 성립되지 않는다. 앞으로 이어질 STEP3과 STEP4에서 그 반대 방향으로 향하는 화살, 즉 상대방에게서 나로 향하는 화살표를 어떻게 만드는지 이야기하려 한다.

쌍방향성이 필요한 이유

여기서 한 가지 확인해둘 것이 있다. 도대체 왜 상대방에게서 나로 향하는 방향성이 중요할까? 그것은 당신의 글을 읽는 사람을 일반 독자가 아니라 기자로 만들기 위해서다. 글을 읽는 쪽에서 당신이 말하는 내용을 깊이 이해하고 변화하려면, 독자를 기자로 만들어야 한다.

무슨 뜻인지 아리송하다면 이렇게 생각해보자. 분명히 불특정 일반 독자보다 기자를 상대하는 편이 이야기를 풀어가기 쉬울 것이다. 예를 들어 당신이 사람들 앞에서 말해야 한다고 치자. 청중이 아무런 반응도 보이지 않고 그저 멍하니 이야기를 듣고만 있다면 당신은 불안감을 느낄 것이다. '제대로 이해하고 있나?' 초조해하면서 말이다. 그런데 이야기를 듣는 사람들이 '맞아, 맞아' 맞장구쳐주면서 메모도 하고 때로는 '방금 그 부분은 무슨 내용인가요?' 질문을 한다면 어떨까? '제대로 듣고 있구나' 안심할 것이다.

그런데 이것을 글쓰기에 적용해보자, 독자는 맞장구를 쳐주지도 않고, 메모하지도 않는다. 다시 말해 당신의 말에 흥미를 보이고 메모하며, 때로는 질문을 던지는 사람은 독자가 아니라 기자다. '읽기'가 아니라 '취재'인 셈이다. 우리의 목표는 상대가 읽기에서 그치는 것이 아니라 취재하도록 유도하는 것이다. 그러기 위해서는 상대방을 기자로 대하는 글을 써야 한다.

상대가 기자라면 나의 글에 흥미를 갖고, 더 깊이 음미하며 읽고 이해하려 할 것이다. 그러면 상대방에게서 변화를 일으킬 수도 있다. 이것이 상대방에게서 나로 향하는 화살표가 중요한 이유다.

독자를 기자로 대하는 2단계

어떻게 해야 독자를 기자로 만들 수 있을까? 여기에는 2단계가 있다.

1. 우선 상대가 설득력이 있다고 생각하도록 한다.
2. 다음은 상대가 대화하고 싶게 만든다.

1단계는 STEP3에서 다룰 '1인 토론'이고, 2단계는 STEP4에서 살펴볼 '질문의 덫 놓기'다. 여기서는 우선 설득력을 갖추는 방법을 설명하려 한다.

Point 21 **독자를 기자로 만들어야 한다**

● 설득력은 단언할 때 생긴다

뻔한 이야기지만, 사람들은 설득력이 떨어지는 글을 읽지 않는다. 글에 흥미를 느끼지 못하기 때문이다. 예를 들어 아래와 같은 타이틀의 기사를 보면, 어느 쪽을 읽고 싶어지는가?

1. 의사의 한 마디! 아침에는 반드시 과일을 먹는 것이 좋다.
2. 아침마다 비타민C를 섭취하면 좋은 일이 있을지도?

아마도 1번일 것이다. '의사가 단언하니까 정말로 그래야 하는구나' 라고 생각할 것이다. 반대로 2번의 '좋은 일이 있을지도?'라는 말에 왠지 설득력이 없어 보인다. 또 2번은 '비타민C를 섭취하라'고 하지만 '과일을 먹으라'는 식의 구체적인 지침이 빠져 있어서 1번에 비해 설득력이 떨어진다. 이처럼 단언하면 설득력이 높아 보이는 경우가 많다. 1번은 '의사의 한 마디! ○○하는 것이 좋다'고 딱 잘라 말하지만, 2번은 '있을지도?'라며 얼버무린다. 그래서 1번이 더 설득력 있어 보이고, 훨씬 읽고 싶어지는 것이다.

단언하는 문장이 강력한 이유

설득력은 결국 상대가 어떻게 느끼느냐에 달린 것이라고 생각할 수도 있다. 단언하지는 않았지만 2번이 고민 끝에 나온 문장처럼 보여서 더 설득력이 있다고 느끼는 사람도 있을 수 있다. 그러고 보면 설득력이 있는지 없는지를 판단하는 것은 독자다. 사람에 따라서는 2번 글이 더 읽고 싶을 수도 있다. 하지만 보편적으로 더 많이 읽힐 글은 1번이다. 단언하지 않는 문장은 단언하는 문장을 이길 수 없다.

단언한다고 해서 모두 설득력이 있다고 말할 수 없다는 반론도 있다. 물론 단언한다고 해서 반드시 탄탄한 논리가 있다고 말할 수는 없다. 엉터리 주장을 단언하는 경우도 분명히 있다. 하지만 그렇기 때문에 오히려 단언하는 쪽이 설득력을 얻는 것이다.

단언한다는 것은 '진짜 단언할 수 있어? 대충 말하는 거 아냐?'라는 반론이나 비판을 감수해야 하는 행위다. 그런 부분들을 알면서도 확실히 그렇다고 단언한다면, 그만큼 위험을 감수하고 있다는 뜻이다. 단언은 리스크를 안고 있다. 비판을 무릅쓰고 말하기에 오히려 설득력이 생긴다.

단언하지 않는 글은 울림이 없다

바꿔 말하면, 단언하지 않는 글은 손해도 없다. '좋은 일이 있을지도?'라고 쓰면, 설령 좋은 일이 일어나지 않아도 '있을지도 모른다고' 했으니 도망칠 여지가 있다. 어느 누구도 이런 말에는 마음을 움직이지 않는다. 자신이 난처해질지도 모르지만, 그래도 전하는 말이기에 설득력을 갖는 것이다.

단언뿐만 아니라 '의사의 한 마디'라는 말에도 설득력이 담겨 있다. 이 역시 손해가 될 위험이 있다. 만약 틀린 정보라면 '의사가 틀렸다'는 비판의 대상이 된다. 이러한 리스크까지 감수하면서 '의사'라고 밝히기 때문에 설득력이 생기는 것이다.

나는 이 책에 '도쿄대'를 붙이고, 게다가 본명으로 집필했다. 여기에는 '도쿄대생이라면서 이런 것도 틀리다니! 니시오카라는 녀석 엉터리다!'라는 말을 들을 각오가 담겨 있다. 제목이 만약 그냥 '글쓰기'이고 누가 썼는지도 알 수 없는 책이라면 아무도 사지 않을 테고, 제대로 읽어주지도 않을 것이다. 리스크가 동반되지 않기 때문이다. 내용이 틀려도 아무도 책임을 지지 않는 책은 설득력이 없다.

'도쿄대를 제목에 걸고, 거기다 본명으로 쓰는 책'이기 때문에 믿고 읽는다고 봐도 무방하다. 그만큼의 위험을 감수하면서 썼기 때문에 책을 집어드는 사람이 있는 것이다. '정말 맞는지, 확인해보자'는 마음으로 읽는 사람도 있을지 모른다. 하지만 어느 쪽이든 단언하기 때문에 관심을 보이고 읽어주는 것이다.

단언이란 도망치지 않는 것

단언이란, 애매한 쪽으로 도망가지 않는다는 의미다. 도쿄대 교수들은 단언하지 않으면 시험에서 점수를 주지 않는다. 도쿄대 입학 시험을 세 번이나 봤지만, 두 번째 시험을 볼 때까지도 어려운 문제에는 단언하는 답을 쓰지 못했다. 기억나지 않는 부분, 지식이 부족한 부분은 딱 잘라 답을 쓰지 못하고, 알고 있다는 듯 애매한 답을 적어냈다. 잘 모르니까 '○○는 후세에 좋은 영향을 주었다'라든지 '큰 영향이 있었다'라며 뭉뚱그린 것이다. 결국 해당 문제에서는 전혀 점수를 받지 못했고 떨어졌다. 세 번째 도전에서는 모르는 부분은 깨끗이 포기하고, 아는 문제만 당당하게 답을 썼다. 'OO는 이렇게 되었다' '××는 이러한 영향을 주었다'식으로 단언하며 썼다. 그러자 훨씬 후한 점수를 받았고 합격할 수 있었다.

이후 학교 시험에서도 시도해봤는데 역시 알고 있는 것만을 단정적으로 서술하는 편이 더 점수가 좋았다. 모르는 내용은 쓰지 않아서 답지가 짧았음에도, 분명하게 단언한 답안의 평가가 좋았다. 애매한 채로 두지 않고, 단언하는 것은 위험도 따르지만 그만큼 효과적인 방법인 것만은 사실이다.

단언은 글 쓰는 자세를 바꾼다

단언하는 글이 좋은 이유는 독자들의 인식 때문만이 아니다. 글을 쓰는 쪽도 리스크를 지고 있으므로, 타당한 내용을 써야 한다는 의식이 생긴다. 위험 부담이 큰 만큼, '이 내용이 틀리면 책임을 져야 한다. 확실하게 맞는 내용을 써야 한다'는 책임감이 커지는 것이다.

단언한다는 것은 리스크를 감수한다는 것이며 책임감을 느끼는 것이다. 그래서 설득력이 생긴다.

 Point 22 글을 쓸 때는 단언한다

● 1인 토론의 3단계

설득력 만들기는 단언함으로써 설득력을 키우는 법을 익히는 단계다. 단언이 중요하다는 것은 알겠는데, 어떻게 하면 좋을까? 단언하자니 리스크가 커서 두렵다고 생각하는 사람이 있을 테지만, 괜찮다. 지금부터 소개할 3단계, 트집 잡기와 양보하기, 비틀기를 익히면 누구나 쉽게 단언을 통해 설득력 있는 글을 쓸 수 있다.

우선 트집 잡기다. 단언은 강한 표현이므로 그만큼 비판을 불러오기 쉽다는 점은 이미 확인했다. 그러니 비판을 받을 만한 포인트를 미리 먼저 상상해서 트집을 잡아보는 것이다. 그다음에는 양보를 해야 한다. 찾아낸 꼬투리를 인정하고 '솔직히 그런 약점도 있다'고 양보하면서 분위기를 바꾸는 것이다. 비판받을 만한 포인트를 분명히 인지하고 있음을 보여주고, 또 거기에 대한 반론도 제시해서 상대를 설득하는 것이다. 마지막으로 트집 잡기와 양보하기를 발판 삼아 실제로 단언을 완성하는 것은 비틀기다. 효과적으로 단언하며 '정말? 꼭 읽어봐야지'라고 생각할 정도로 강력한 글을 쓰기 위해서 주장을 강조하고 비틀어보는 것이 비틀기 단계다. 이상의 3단계 과정을 거치면 정말로 장담할 수 있는지 스스로 꼼꼼하게 확인하면서 비판 포인트를 없앨 수 있다.

앞에서 말했듯이 단언은 위험을 안고 있다. '비판을 받으면 어떡하지?'라는 생각에 고민이 많아질 수도 있다. 그래서 단언하기 위해서는 내 안에서 '이건 정말로 맞다'고 말할 수 있는 수준까지 주장을 다

듣고 확인해야 한다. 스스로 '이 주장이 사실인가?' 하는 질문에 직접 마주하지 않으면, 단언해봤자 효과적이지 않다. 언제든 빈틈이 드러나고 말 테니까 말이다. 내 안에서 논쟁하고, 단언할 수 있는 수준까지 논리를 끌어올려야 한다. 이것이 1인 토론이다. 이 과정을 거치면 누구라도 설득력을 갖춰 단언할 수 있다.

Point 23 **트집 잡기, 양보하기, 비틀기를 거치는 과정에서 설득력이 생긴다**

2 | 트집 잡기로 논리의 구멍을 찾는다

● 트집거리가 있어야 잘 읽히는 글

우리는 어떻든 독자를 깜짝 놀라게 하는 글을 쓰려고 한다. 놀라게 만 해도 재미없는 글이 매력적으로 느껴진다. 이렇게 말하면 '뭐야? 대체 무슨 소리야?' 하는 물음표로 머릿속이 가득 찰 것이다. 지금까지 설득력을 만들어가는 과정을 보면서 '음, 그렇구나'라고 바라보던 사람도 갑자기 '무슨 소리지?'라며 흥미를 느꼈을지 모른다.

'깜짝 놀라게 한다'는 것은 이런 효과가 있다. 평소에 글을 읽거나 남과 이야기할 때 '응?!'하고 놀랄 만한 일은 적고, 대체로 '그렇구나. 맞아'라며 예측 가능한 범위 안에서 이야기가 진행된다. '이러한 말을 하고 싶구나' 하고 예상 가능한 이야기가 이어지면 흥미나 집중력이 떨어진다. 이런 문제를 해소하기 위해서 서프라이즈가 필요하다. '네?! 전혀 생각 못한 이야기네'라는 말이 튀어나오면, 사람들은 집중력과 흥미를 되찾는다.

다른 사람의 이야기를 듣는 도중에 "여기서 잠깐 문제 드립니다", 혹은 "잠시 여러분께 유감스러운 공지가 있습니다"라는 식의 말을 들으면 '응? 무슨 이야기를 하려는 거지?' 하고 신경을 쓴다. '깜짝 놀라게 하는' 무언가가 있으면, 다시 이야기에 귀를 기울인다.

글쓰기와 만담의 공통점

'놀라게 한다'는 점에서 만담과 글쓰기는 통한다. 만약 단지 두 사람이 이야기를 주고받기만 하는 게 만담이라면 재미가 없을 것이다. "어제 이런 일이 있었어", "그랬어"만으로는 웃음이 나오지 않는다. 한 사람이 평소와 다른 엉뚱한 짓을 하면 그에 대해 다른 사람이 트집을 잡고 이죽거리면서 웃음이 터진다. 한 사람이 "어제 내 오랜 친구 조니 뎁을 만났어"라고 말하면 다른 한 사람이 "뭐? 어제 나랑 하루종일 초콜릿 공장에 있었는데 무슨 그런 말도 안 되는 소리를 하고 있어!" 식으로 일반적인 흐름이나 평범한 상황을 무너뜨리고 상대를 놀라게 하면서 강하게 이목을 끄는 방식이다.

단언이라는 것은 상대를 주목하게 만드는 말, 즉 보통과 달라서 예측할 수 없는 말이다. '뭐? 그게 무슨 소리야?'라며 누군가에게 꼬투리를 잡힐 만한 말이어야 한다. 그렇게 비판이나 트집을 잡히는 문장이기 때문에 위험 부담은 있지만 설득력을 갖춘, 강력한 글이 되는 것이다. 하지만 별 볼 일 없는 '엉뚱한 단언'을 해 아무도 트집 잡지 않으면 설득력은 물론, 흥미도 사라진다. 단언의 효과를 극대화하기 위해서는 상대의 입이 벌어질 만한 트집거리를 마련해야 한다. 단언이 단언답게 성립될 수 있도록 트집거리를 만들어주는 것이다.

 Point 24 트집거리가 없는 문장은 애초에 읽히지 않는다

● 트집거리 만드는 방법

트집거리 만드는 방법은 간단하다.

1. 주장으로 쓴 메모를 다시 검토한다.

2. 그 주장에 대해 세 가지 트집거리를 아래의 조건에 맞춰 찾아본다.

3. 찾아낸 트집거리를 하나씩 메모한다.

이것이면 충분하다. 자신의 주장에 하나하나 꼬투리를 잡는 것이다. 트집 잡기의 세 가지 방식은 다음과 같다.

① 설명할 수 있는가?

정말로 그러한가? 어째서 그렇게 말할 수 있는가? 그것이 분명 옳다고 설명할 수 있는지 질문하는 것이다. 주장의 근거를 묻는 트집 잡기다. 예를 들어 '이건 아주 좋은 양배추니까 사도록 해'라는 주장이라면, '왜 좋은 양배추야? 어떤 면에서 그렇게 생각해?'라고 트집 잡는 것을 예상할 수 있다. 이처럼 '주장이 정말 맞는지' 구체적으로 물어볼 트집거리를 찾아본다.

② 반례나 예외가 있는가?

이런 경우라면 어때? 이럴 때는 아니지 않아? 주장과 맞지 않는 상황은 없는지 트집을 잡는 질문이다. 주장과 다른 사실을 비교하면서 따지는 것이다. 무언가가 좋다고 주장할 때는 '나쁜 점', 옳다고 주장할 때는 '그릇된 면'을 들어 예외적으로 맞지 않는 부분이나 사례를 제시한다. 예를 들어 '다른 양배추보다 이 양배추를 사는 편이 좋다'는 주장에는 '가격이 비싸다'거나 '요즘 병에 걸린 양배추가 많다고 한다'는 식의 주장과 배치되는 정보를 제시한다. 이렇듯 반론이 될 만한 포인트를 찾아 꼬투리를 잡는다.

③ 약점이 있는가?

혹시 불리한 측면은 없는가? 이 방식이 낫지 않을까? 마지막은 '혹시 불리한 측면이 있는지?' 묻는다. 주장을 인정하되, 그것이 100퍼센트 완벽한 주장인지 확인하는 것이다. 이제까지는 증거나 반례를 날카롭게 물어봤지만, 마지막으로 당신의 논리에 약한 부분은 없는지, 지금 주장이 아무 문제없는지를 확인한다. 단점이나 빈틈은 없는지로 바꿔 물어봐도 좋다. 예를 들어 '이게 정말 최고로 좋은 양배추야? 저 양배추가 더 좋은 양배추일 수도 있잖아?'라며 트집을 잡는 것이다.

①, ②번이 '정말인지' 꼬투리를 잡는다면, ③번은 '그 말이 정말이라면, 약점은 없어? 다른 주장과 비교해도 너의 주장이 틀림없어?'라며 주장의 단점을 캐묻는 것이다. ①번과 ②번을 거쳐 주장이 어느 정도 마련된 다음에 던지는 마무리 질문이 ③번이다. 직접 해보면 알겠지만, ③번이 가장 어렵다. ①번이나 ②번에 비해서 막연하거니와, 자신의 주장 속에서 흠을 찾은 다음 그것을 보완할 무언가를 또 마련해

야 하기 때문이다. 하지만 약점을 파악해두면 '본인 주장의 약점을 벌써 인지하고 있구나' 하고 상대가 긍정적으로 볼 수 있다. 약점이 있는가 살피는 일을 소홀히 넘기지 말자.

이 세 가지를 살펴보았다면, 트집 잡기는 끝이다. 트집거리에 대한 반론은 다음 양보하기에서 알아보기로 한다.

Point 25 설득력을 갖추기 위한 트집 잡기는 '설명 가능한가', '반례나 예외는 없는가', '약점이 없는가'다

3 | 한 방이 있는 글, 한 발 물러서기로 쓸 수 있다

● 일부러 양보하는 이유

트집 잡기가 끝났다면, 이제 양보하기를 해야 한다. 그 전에 한 가지 질문이 있다. '양보하기'가 무슨 뜻일까? 글쓰기에서 양보하기는 '물론 그런 일도 있지만'이라고 물러나면서 주장의 잘못이나 구멍을 상대방에게도 보여주는 것이다. 이것이 글에서 어떤 역할을 할까?

분명히 양보하기는 내 생각을 주장하는 데 아무런 도움이 안 되는 행위다. 단지 상대방에게 내 생각을 전하려고만 한다면 이렇게 쓸 필요가 없다. 양보 자체는 불필요한 행동이다.

그렇지만 한번 생각해보라. 왜 자신의 잘못을 인정해야 할까? 예를 들어 글의 목적이 '양배추를 사주길' 바라는 것이라면, '솔직히 이 양배추는 비싸다'는 말을 보태는 게 어떤 의미가 있을까? '비싸네, 그럼 필요 없어'라며 사지 않을 수도 있는데 말이다. 게다가 쓸데없이 글자 수만 늘어날 가능성도 있다. 실제로 글자 수 제한이 엄격한 도쿄대 영작문 문제를 지도할 때는 '굳이 양보 문장은 쓰지 않는 것이 좋다'고 지도하는 선생님도 많다. 주장의 불리함을 먼저 인정하고 드러냄으로써 주장 자체가 전달되지 않을 위험성이 있기 때문이다. 하지만 양보하기에 해당하는 문장은 사실과 부합하는 경우가 상당히 많다. 또 꽤 많은 글에서 사용된다. 그렇다. '양보하기'는 아무 의미가 없는 행위인데도 많은 상황에서 쓰이고 있다. 대체 왜일까?

양보한 다음에 진짜 의미가 온다

양보한 다음에 답이 있다. 솔직히 가격이 비싸다고 한발 물러서면, 그 뒤로 '하지만'이 붙으며 물러서지 않아도 되는 문장이 온다. 앞의 예에서 본다면, '이 양배추는 솔직히 비싸다. 하지만 그만큼 맛있다' 라는 식으로 쓰면, 한발 물러선 것을 상쇄할 정도로 강력한 부정이 꼭 따라와야 한다. 속는 셈 치고, 양보하기에 주목해서 글을 읽어보자. 한발 양보 뒤에는 언제나 '그러나'나 '하지만'처럼 상반되는 내용으로 이어지는 접속사가 뒤따른다.

비틀기는 이 틈새에서 태어난다. 예상한 흐름이 있는데, 사실 그것이 틀렸다고 하는 틈새, 모든 비틀기는 이 빈틈에서 튀어나오는 것이다. 한발 양보하면 틈이 벌어지기 쉽다. '비싸다'는 부정적인 면이 '그만큼 맛있다'고 하는 긍정적인 면으로 바뀌었다. 단순히 '맛있다'고만 해서는 단순히 장점을 설명하는 것에 그치지만 '비싼 만큼 맛있다'가 되는 순간, 장단점이 합쳐져서 더 큰 매력을 발산하는 것이다.

잘 물러서려면 트집을 잘 잡아야

양보하기라고 하면 양보의 의미를 떠올려 '자신의 잘못을 인정하는 행위'라고 이해하는 사람도 있지만, 글쓰기에서는 전혀 다른 의미를 지니고 있다. 틈새를 만들기 위해서 한 걸음 물러나는 것이다. 물론 한 걸음 물러난다고 해서 특별한 의미가 생기지는 않는다. 일단 양보한 다음, 반론하면서 빈틈을 바로 만회하기 위한 것이다. 무작정 양보해서는 아무런 가치가 없고, 오히려 주장만 위태로워진다. 자신의 주장을 공고히 하기 위해서는 물러날 자리를 제대로 살펴봐야 한다. 잘 물러 나기 위해서는 앞에서 다루었던 1인 토론의 트집 잡기가 중요하다.

'이렇게 트집 잡을 사람도 있겠죠? 그런 면도 있지만, 사실은 이렇 습니다!'라는 식으로 트집 잡기를 이용해 한 발 물러나는 방법도 있 다. 1인 토론을 통해 자진해서 트집거리를 찾았다면, 그 꼬투리를 피 할 반론을 만들고 그것을 상대에게 언급하면서 '제대로 파악하고 생각 해서 단언한다는 사실'을 보여주는 것이다. 이것이 양보하기다.

 Point 26 양보하기는 틈새를 만들어 설득력을 높이는 기술이다

● 양보하는 방법

양보하기는 3단계로 완성된다.

1. 트집거리를 준비해서 메모한다.
2. 트집 메모에 대한 반론을 하나씩 생각하고, 반론 메모를 작성한 다(반론 메모 작성법은 뒤에 소개할 예정).
3. 트집 메모를 A, 반론 메모를 B로 보고, 다음 '양보하기 패턴'에 맞 춰 글을 쓴다.

① 솔직히	솔직히 A이긴 합니다. 그래도 B입니다.
② 물론	물론, A이기도 합니다. 그렇다 하더라도 B입니다.
③ 인 것 아니야?	'A인 거 아니야?'라고 생각하는 사람이 있겠지만, 사실 B입니다.

①번 '솔직히' 유형은 반대 의견을, ②번 '물론' 유형은 약점을 넣기 쉽다. 다음 예문을 통해 확인해보자.

> ① 솔직히 이 양배추는 너무 비싸다는 의견도 있다. 하지만 그만큼 맛있다.
>
> ② 물론 이 배추는 정성을 담은 만큼, 다른 양배추보다 가격이 비싸다. 그렇지만 맛은 보장할 수 있다.

미묘하지만 뉘앙스가 다르고 주목하는 포인트가 다르다는 것을 알 수 있다. 개인적으로 가장 좋아하는 ③번 '○○인 것 아니야?' 유형은 다음 STEP 4 '질문의 덫 놓기'에서 설명하겠다.

 Point 27 한발 물러설 때는 '솔직히', '물론', '인 것 아니야?'를 쓴다

● 반론 만드는 법

다음은 양보하기의 두 번째 단계, 반론 만드는 법이다.

① 증명할 수 있는가?

예 정말로 그러한가? 어째서 그렇게 말할 수 있는가?

반론 예 객관적인 데이터가 있다. 부정할 수 없는 사실이 있다.

그것이 정말로 옳은가? '정말로 좋은 양배추인가? 어떻게 그렇게 말할 수 있어?'라고 묻는 것이 트집 잡기다. 어쨌든 여기에 반론을 제기하려면 객관성이 중요하다. 주관성과 객관성의 차이는 한 사람의 의견인지, 모두의 의견인지에 달려 있다. '맛있다는 사람이 나 말고도 이렇게나 많이 있다'면서 다른 사람의 의견을 끌어와 혼자가 아닌 모두의 의견이라는 것을 밝히거나 '몸에 좋은 성분이 들어 있다'는 식으로 과학적인 데이터나 학문적 사실을 제시함으로써 객관적인 정당성을 획득할 수 있다.

트집 잡기의 진짜 의도는 당신 혼자만의 의견이 아닌지 물어보는 의심 속에 숨겨져 있다. 어떤 의견이든 '나는 이렇게 생각한다'라고만 서술하면 그 내용이 정말인지 의심을 사게 된다. 그럴 때는 '나처럼 생각하는 사람이 많다', 혹은 '부정하기 힘든 사실로서 뒷받침할 수 있다'고 반론을 만들어두어야 비판할 수 없다. 객관적인 정보나 부정할 수 없는 사실로 반론을 제기하는 것이다.

② 반례나 예외는 있는가?

    예   이런 경우라면 어때? 이럴 때는 틀리지 않아?

    반론 예   이러한 견해도 있다. 그런 점에서 예외다.

당신의 주장이 틀릴 수도 있지 않을까? '다른 양배추보다 가격이 비싸잖아. 근데 양배추가 병에 걸린 사례가 많지 않아?'라고 누군가 트집을 잡는다고 하자. 이에 대한 반론은 그 트집을 성립시키는 조건을 무너뜨리는 것이 제일이다. 상대의 트집이 단점만은 아니라고 시선을 돌려주는 것이다. 비싸다는 단점을 그만큼 맛이 좋다는 것으로 반박해서 뒤집는다. 또는 단점을 미리 없애는 것도 하나의 작전이다. 상대가 '양배추가 병에 잘 걸린다'는 꼬투리를 잡으면 '요즘엔 걸리지 않았다'는 식으로 예외의 상황을 주장하는 것도 효과적이다. 전제조건이 틀렸음을 보여줘 제기한 트집을 무력화하는 방법이다. 애초에 단점으로 지적된 부분을 부정하는 방법도 있다. '양배추는 약간 쓴맛이 난다'고 트집을 잡으면 '입에 좋은 약이 쓰다고 하지 않나. 그 쓴맛이 건강에 좋은 성분이다'라든지, '익히면 그 쓴맛이 사라진다'는 식으로 말이다.

③ 약점이 있는가?

    예   불리한 점은 없는가? 이런 방식이 더 낫지 않아?

    반론 예   이 점에서 다른 것보다 낫다. 강점이 있다.

안 좋은 포인트나 맹점은 없을까? '정말로 완벽하게 좋은 양배추인가? 저 양배추가 더 좋은 양배추일 수도 있잖아?' 등의 트집 잡기다. 이에 대해서는 '무농약은 아니지만, 식품안전관리 인증을 받았다' 혹은 '다른 양배추들과 비교해도 이 양배추의 맛이 훨씬 좋다'라든지 약점에 대한 반례, 맹점에 대비되는 이점의 제시함으로써 반론한다.

 Point 28　반론의 형태는 트집 잡기 방식에 따라 달라진다

● 반론이 떠오르지 않으면

혹시 '아무리 생각해도 반론이 떠오르지 않아!'라는 사람이 있다면, 긴장하지 말고 딱 하나라도 좋으니 틈을 찾아보자. 이미 말했듯이 굳이 성급하게 물러날 필요는 없다. 좋은 반론이 생각나지 않는다면 무리하게 양보하지 않아도 된다. 딱 하나만 있어도 충분하다. 사실 사람들은 다음 세 가지 중에서 하나만 충족해도 설득력이 있다고 생각한다. 그렇기 때문에 하나만 찾아내도 괜찮다.

1. 한 사람의 의견이 아니라 객관적인 의견일 때
2. 주장을 믿어도 손해가 크지 않을 때
3. 주장을 믿는 편이 이득일 때

위 세 가지는 앞의 ①~③번 트집에 각각 대응하는 방식이기도 하다. 우선 한 사람의 의견이 아니라 객관적 의견일 때 사람들은 설득력이 있다고 생각한다. 예를 들어 '이 양배추는 맛있다. 누가 뭐라 해도 변함없는 사실'이라는 말을 들어도 '진짜인가?' 의심할 수 있다. 그러나 포장에 이 양배추를 먹어본 사람들의 후기나 평가가 쓰여 있으면 '진짜 맛있나 보다' 생각할지도 모른다. 한 사람의 의견이 아니기에 객관적 의견이며, 이는 ①번 트집 '진짜일까?'에 대한 반론으로도 쓸 수 있다.

그리고 주장을 믿어도 손해가 크지 않을 때, 쉽게 설득된다. 가령 "내일 지진이 일어날 테니 절대 외출하지 말고 이 방재기구를 사도록 해!"라는 말을 들으면 그랬다가 지진이 일어나지 않으면 바보가 된다고 생각할 것이다. 하지만 "내일 비가 올 테니까 우산 챙겨라"는 정도라면 어떨까? 가방에 우산을 넣는 것으로 끝이다. 믿어도 손해가 크지 않으니 의외로 순순히 믿는 것 아닐까? 이것은 ②번 트집에 대처할 때 좋은 방식으로, 시야를 바꿔주는 반론법이다.

마지막으로 주장을 믿는 편이 나에게 득이 될 때다. 믿는 편이 나에게 득이 된다는 말은 단점보다 장점이 많다는 뜻이다. 단점보다 장점이 많다는 점이 중요한데, 사실 전부 이득일 필요는 없다. 이익만 제시하면 오히려 '장점밖에 없을 리가 없어. 속고 있는지도 몰라'라고 생각할 수도 있다. 그래서 '이런 단점이 있지만, 그래도 저런 장점을 가지고 있다'고 균형 잡힌 정보를 전달하면, 믿어도 괜찮겠다고 여긴다. 농약을 썼다는 약점에 대해 '그렇긴 하지만, 안전관리를 잘해서 병충해를 입지 않았고 안전하다'는 강점을 증명하면 솔직하다고 생각해서 더 큰 믿음을 줄 수도 있을 것이다. ③번의 '정말로 단점뿐인가?'에 대한 적절한 답변이다.

한 발은 물러서도 괜찮다

이렇게 세 가지 중 적절한 반론을 하나만 찾아내면, 다른 사람을 설득할 확률이 높다. 우리는 모두가 하는 일을 일부러 부정하고 싶어하지 않고, 믿는 게 이익이면 굳이 의심하려 들지 않는다. '사람은 보고 싶은 것만 보고, 믿고 싶은 대로 믿는다'는 카이사르 말처럼, 믿을 만한 요소가 앞의 세 가지 중 하나만 있어도 사람은 쉽게 믿는다. 그러니 하나라도 좋으니 반론의 기회를 노려보자.

 Point 29 **유효한 반론은 객관적인 것, 손해가 적은 것, 이득이 큰 것 중에 있다**

4 | 임팩트 만들기로 반전을 극대화한다

◉ 임팩트 만들기

트집 만들기와 한발 물러나기 다음 단계는 임팩트 만들기인데, 임팩트 만들기의 본질은 이미 이야기했다. 어디서 말했는지 기억나는 사람도 있을 것이다. 양보하기를 설명할 때, 임팩트는 반전에서 태어난다고 언급했다. 지금까지 설명한 트집 잡기도, 한발 물러나기도 모두 반전을 마련하기 위한 과정이다. 임팩트 있는 주장을 쓰기 위해서는 극적인 반전을 만들어야 한다. '트집 잡기'와 '양보하기', '임팩트 만들기'를 거치는 과정에서 강한 임팩트를 지닌 주장이 완성된다.

단언은 그리 일반적인 일이 아니다. 일상 대화에서 단정적으로 말하는 사람은 의외로 적다. '~라고 생각한다'든지 '~인 것 같다'는 식의 표현이 흔하고, 딱 잘라 말하는 일은 드물다. 상황이 이렇다 보니 단언하는 주장이 오히려 신선하게 느껴지면서 의외의 반전이 일어난다. 예상에서 벗어나기에 독자를 놀라게 하는 효과가 있다. '뭐? 이렇게 된다고?' 하는 놀라움을 자아내기 때문이다. 트집 잡기와 양보하기도 반전이라고 할 수 있다. '반대로 이러한 예도 있지 않나요?'라고 트집을 잡거나 '솔직히 그런 면도 있습니다'라고 물러나며 자신의 주장에 대한 부정적인 면을 드러낸다. 그런 다음 긍정 논리로 뒤집으면서 반전이 생겨난다.

앞에서 트집 잡기는 '단언을 단언답게' 만드는 단계라고 했다. 그리고 양보하기는 '트집에 대한 반론'을 만드는 단계다. 이 두 가지가 모여서 비로소 단언(주장) 만들기가 완성된다. 드디어 트집거리, '단언'이 완성된 것이다. 이 단계가 성공적으로 수행하면 '단언과 트집으로' 반전을 보여줄 수 있다.

 ## Point 30 임팩트 만들기는 주장을 강한 표현으로 다시 쓰는 것이다

● 임팩트 만드는 방법

양보 문장을 쓰고 나면 임팩트는 금세 완성된다.

1. 주장과 양보 문장을 준비한다.
2. 양보 문장 중에서 '가장 깔끔하게 반론하면서 반전이 큰 문장'을 고른다.
3. 고른 양보 문장을 주장과 합친다.
4. 주장을 단언의 형태로 바꾸면, 임팩트 있는 글이 완성된다.

이것뿐이다. 예를 들면 다음과 같다.

> 양보: 확실히 쓴맛이 강하다. 하지만 이 쓴맛은 건강에 좋은 글루코시놀레이트 성분이 다량 함유되어 있다는 증거다.

> 주장: 이 양배추는 정말 좋은 양배추다.

그래서 '임팩트 있는 주장: 쓴맛이 강하지만 사실은 아주 좋은 양배추라는 증거다'라고 강하게 단언할 수 있다. 간단하지 않은가? 하지만 다음과 같은 상황은 주의해야 한다.

> 양보: '정말 좋은 양배추일까?'라고 의심하는 사람도 있지만, 사
> 실 이 양배추에는 건강에 좋다는 성분이 많이 들어 있다.
> 주장: 이 양배추는 정말 좋은 양배추!

양보에 '정말 좋은 양배추일까?'라는 문장 때문에 다음에 주장을 바로 붙이기 어렵다. 이럴 때는 '아무런 특징도 없는 일반 양배추처럼 보이지만, 사실은 아주 좋은 양배추다!'처럼 정말 좋은 양배추인지를 묻는 방식으로 트집을 끌어내서 바꿔보자. 가장 추천하는 방법은 지금처럼 '슬쩍 봐서는 이 양배추의 엄청난 장점을 알기 어렵다'고 바꾸는 것이다.

여러 번 강조했지만, 반전이 있어야 임팩트가 생긴다. 양보 문장의 부정적인 면과 주장의 긍정적인 면이 결합되어 임팩트를 주는 단언이 완성된다. '정말일까? 어째서?'라고 따질 위험을 안고서 단언하는 만큼, 읽을 가치가 높아진다. 게다가 트집에 대한 반론도 '양보'라는 형태로 준비되어 있기 때문에 트집잡혀도 끄떡없다. 이렇게 단언해서 주장

하면 당신의 글은 강력한 설득력을 갖출 것이다.

이 임팩트 있는 글의 구체적인 활용법은 STEP4 질문의 덫 놓기에서 더 알아보자.

 Point 31 양보 문장을 만들 때는 반론 가운데
반전이 큰 문장을 골라라

질문의 덫, 독자를 끌어들인다
- 독자와의 대화라고 생각한다

1 | 독자에게 질문을 받으면 성공

● 질문의 덫이란

STEP3에서 설득력 있는 문장을 썼다면, 다음은 상대가 대화하고 싶다고 느낄 만한 글을 쓰는 테크닉, '질문의 덫'을 놓는 법에 대해 설명하려 한다. 지금쯤 마음속에 물음표가 떠오를 것이다. '질문의 덫이 뭐지? 왜 질문이 덫이라는 거지?'라고 말이다.

그런 의문이 드는 것도 당연하다. 그렇게 독자의 마음속에 '왜? 어째서?'라는 꼬투리를 남기는 일이 저자에게는 무엇보다 중요하다. 이 책의 목표는 쌍방향으로 소통하는 글을 쓰는 것이다. 그리고 STEP3과 STEP4는 독자로부터 아웃풋을 끌어내는 것이라고 말했다. 가장 쉽게 떠오르는 아웃풋은 바로 질문이다.

글에 대해 '왜? 어째서'라고 트집을 잡도록 여지를 준다. 질문을 던진 순간부터 독자는 더 이상 독자에 머물지 않는다. 기자가 되어 글쓴이의 글 속에서 앞장서게 된다.

질문을 이끌어내면 독자는 빠져든다

고등학생들 공부를 도와주는 경우가 많았는데, 그때마다 학생들에게 반드시 부탁하는 것이 있다. 내 이야기가 끝나면, 질문하라는 것이다. 일단 이렇게 말해두면 공부의 질이 크게 향상된다. '어떤 질문이든 해야 한다. 질문할 포인트가 무엇일까' 생각하기 때문에 설명을 듣는 자세부터 달라진다. 질문은 아웃풋이다. 보통은 수업을 들어도 '그렇구나' 하고 흘려 듣기 때문에 단순한 인풋에 그칠 때가 많다. 그러나 내가 상대에게 무언가 질문을 하겠다는 자발적인 행위가 더해지면, 잘 들어야겠다는 의식이 생긴다.

설명이 끝난 뒤에 '이 부분은 모르겠습니다. 왜 이렇게 되나요?' 묻는 학생은 무조건 성적이 오른다. 하지만 적극적으로 질문하지 않는 학생은 성적이 잘 오르지 않는다. 신기할 정도로 극명하게 나뉜다. 차이는 수업을 듣는 자세에 달려 있다.

일상 대화는 숨은 질문으로 가득하다

사실 질문은 우리가 생각하는 것보다 훨씬 사용빈도가 높다. 일상적인 대화의 많은 부분에 질문이 포함되어 있다. 자신은 질문을 그리 많이 하지 않는다고 생각하는 사람도 있겠지만, 그 사람 역시 실제로는 질문을 많이 한다. 이유는 '나는 그렇게 질문을 많이 하지 않는데'라고 떠올리는 생각이나 의문 자체가 일종의 질문이기 때문이다.

'질문을 그리 많이 하지 않는다'는 말을 바꿔 말하면, '저는 질문을 많이 하지는 않는 편이라 당신의 주장과 동떨어져 있는데 어떤가요?'라는 질문이나 마찬가지다. 이런 식으로 대화의 구성 요소 중 많은 부분이 질문처럼 보이지 않은 질문, 즉 '숨은 질문'으로 이루어져 있다.

예를 들어 익숙하지 않은 단어를 들으면 '○○이 뭐야?'라고 되묻는 경우가 있다. 또 '아, 진짜?' 같은 맞장구 역시 '정말 그런 거야?'라는 질문으로 볼 수도 있다. 이렇듯 우리의 대화 속에는 숨은 질문들이 흘러넘친다. 반대로 질문 없이 말하는 것은 굉장히 어렵다는 뜻이기도 하다. 시험 삼아 한번 해보길 바란다. 아마 1분도 못 넘길 것이다.

서투른 글은 질문 없는 대화다

질문 없는 대화가 그렇게 힘든데도, 글쓰기에서는 이걸 해내는 사람이 많다. 분명 그렇게 쓰고 싶어서 쓰는 건 아니지만 말이다. 글을 쓸 때도 꼭 질문을 만들어야 한다. 상대로부터의 질문을 상정하고 상대가 질문을 던질 법한 글을 쓴다. 그러면 일방적으로 말을 걸기만 하던 글이 대화가 담긴 글로 진화할 것이다. 그리고 대화가 담긴 글은 '질문의 덫'으로 완성된다.

일상 대화 속에 글쓰기의 본질이 있다

질문의 덫에 대해 말하기 전에, 잠시 다른 이야기를 해보겠다. 예전에 도쿄대 토론동아리 부장에게서 '변론의 비결'을 배웠다. 그가 말하길, '변론을 할 때는 일부러 함정을 만들어두는 것'이 중요하다고 했다. 이야기 속에 '정말 맞아? 증거 있어?'라고 꼬투리잡힐 만한 포인트를 만들어두고 그에 대한 반론을 미리 준비한다는 것이다. 그리고 변론이 끝난 후 질문 시간에 사람들에게서 그 질문을 일부러 끌어낸 다음, 자신만만하게 반론을 펼치는 것이다. 허점이 있어 보였는데 제대로 변론한다는 생각이 들게 만들면서 이쪽 주장이 더 설득력 있어 보이게 함으로써 반전에 성공한다는 것이다.

이 이야기를 듣고 '특별한 기술은 아니지만, 다들 비슷하게 쓰고 있구나' 하는 생각을 했다. 일부러 트집거리를 준다는 것은 STEP3 1인 토론에서 소개한 내용과 똑같다. '솔직히 A이긴 하지만, B이다' 식의 양보 문장도 A라고 하는 트집에 대해 B라는 반론을 내는 구조이다. 일부러 꼬투리를 잡히는 것도 예전부터 흔히 사용해왔던 수법이다. 이 책을 읽는 당신도 일상에서 은연중에 사용하고 있을지 모른다.

단숨에 자기가 하고 싶은 말을 다하는 사람은 거의 없다. 상대가 맞장구쳐주기를 바라고, 상대의 반응을 보면서 이야기를 진행하는 사람이 대부분이다. 맞장구 역시 훌륭한 질문이며 이 또한 일부러 트집거리를 상대에게 던지고 대화하는 방식이다. 질문의 덫을 놓는 일은 '상대가 트집 잡을 수 있도록 의도하며 글을 쓴다'는 뜻이다. 글을 쓰는 쪽에서는 상대가 그 질문을 할지 알면서 대화하기 때문에, 어떻게 보면 '덫'이나 다름없다.

그 덫에 걸린 상대에게 대답을 주는 방식이며, 그렇게 대화하듯 글을 쓴다. '1인 토론'을 잘 해냈다면, 이제 글에 설득력이 생겼을 테고 독자에게 던져 줄 '트집거리'도 찾았을 것이다. 이 재료들로 질문의 덫을 놓으면 된다.

 Point 32 상대가 질문할 수밖에 없도록 질문의 덫을 놓자

2 | 질문을 만들어 독자와의 거리를 단번에 줄인다

● 일부러 질문으로 글을 시작하는 효과

질문의 덫을 만들기 위한 질문 만들기와 포지션 잡기에 대한 구체적인 이야기를 하기 전에 한 가지 질문을 하려 한다. 책이나 인터넷 기사 중에서 '당신은 ~입니까?'라는 질문으로 시작하는 글을 본 적이 있는가? 아마도 고개를 끄덕일 것이다. 의문문으로 글을 시작하고, 따라서 읽다 보면 자연스럽게 답을 얻는 흔한 방식이다. 질문으로 시작하는 글에는 어떤 효과가 있을까?

독자와의 거리가 멀면 대화가 되지 않는다

질문을 던지는 행위는 상대와 나의 거리를 좁히는 효과가 있다. 1%의 글쓰기에서 가장 중요한 것은 '상대⇄나'의 쌍방향의 화살표라고 했다. 그런데 '상대⇄⇄⇄나'처럼 글쓴이와 독자의 거리가 멀면 내용이 잘 전달되지 않는다.

생각해보면, 어떤 성향인지 전혀 알 수 없는 사람과의 대화는 어렵다. 뿐만 아니라 아무리 친한 친구 사이라 하더라도 '페르마의 마지막 정리 증명'과 같이 어려운 주제로 이야기하거나, 내게 생소한 주제를 가지고 말한다면 집중하기 힘들다. 화자에 대한 이해가 전혀 없는 상태라면, 또 상대가 말하는 내용과 나의 경험 사이에 괴리가 있다면 '한번 이야기 나눠볼까' 아니면 '질문해볼까'라는 마음이 동하지 않는다. 결국, 질문하기 쉬운 글이란 상대와 거리가 가까운 글을 말한다.

단숨에 거리를 좁힌다

이때 필요한 것이 '훅'인데, 아무리 거리가 먼 상대라도 내 쪽으로 끌어당길 수 있는 문장을 '훅'이라고 한다. 낚시해본 경험이 있다면 쉽게 알 수 있다. 땅에 서서 안간힘을 쓴다 해도 그 상태로는 바닷속 물고기를 잡을 수 없다. 하지만 낚싯대를 이용하면 가능하다. 훅이라는 낚싯바늘 끝에 먹이를 걸고 낚싯줄을 바다로 드리운 뒤, 물고기가 훅에 걸리기를 기다리면 된다. 바늘을 물면 물고기를 단번에 물 밖으로 끌어올릴 수 있다. 이렇게 하면 바다에 들어가지 않고도 바닷속 물고기를 잡을 수 있다. 바다까지 거리가 멀어도 낚싯바늘만 있으면 거리를 0으로 좁힐 수 있다.

이 방법은 글쓰기에도 적용된다. 상대와 거리가 있는 소재나 조금 어려운 내용일지라도, 어떤 훅을 던지고 거기에 상대방이 걸려든다면 거리를 크게 줄일 수 있다. 내가 느닷없이 '여기 질문의 덫이 있습니다. 질문의 덫을 보세요'라고 말한들 아무도 따라오지 않는다. '질문은 상대와의 거리를 좁히는 행위입니다. 질문의 덫을 만들어봅시다'라고 해도 만들고 싶은 마음은 생기지 않는다. 대신 '질문의 덫이란 무엇일까요?' 혹은 '왜 처음부터 질문을 던져야 할까요?'라고 물어보면, '그게 무슨 말이지?' 궁금증을 가지고 나의 이야기와 글에 보일 가능성이 높다. 그러면 단번에 거리가 좁아진다.

대화에서도 질문의 훅은 중요하다

대화는 질문으로 구성되어 있다고 했는데, 질문은 대화에 끼어들지 못하는 친구가 들어올 수 있는 타이밍으로도 쓰인다. 한창 진행 중인 대화의 흐름에 끼어들기 힘들 때, 친구가 'ㅇㅇ라고 알아?'하고 질문을 던지면 나도 자연스럽게 이야기에 참여할 수 있게 된다. 질문은 이야기에 들어가지 못하고 주변에 있던 사람을 대화를 끌어들일 수 있는 첫 번째 단계다. 감이 좋은 사람이라면 벌써 눈치챘겠지만, STEP2에서 소개했던 세 가지 형식 중에서 '인과형'이 여기에 해당한다. 질문으로 시작해서 차근차근 답을 보여준다. 상대와 거리가 멀더라도 이와 같은 형식으로 쓰면 독자에게 내용을 확실히 전달할 수 있다. 그럼 이제 직접 질문을 만들어보자.

 Point 33 | **질문은 독자를 끌어당기는 역할을 한다**

◉ 질문 만드는 법

질문 만들기는 다음 3단계로 이루어진다.

1. 양보하기, 임팩트 만들기의 메모를 준비한다.
2. 아래 형식에 맞춰 질문을 만들고, 도입부의 양보와 임팩트 문장 자리에 넣는다.
3. 400~500자 정도의 분량마다 질문이 끼어 있으면 좋다.

물음에는 다음 세 가지 형식이 있다. 이것만 익히면 질문하기는 완벽하다.

Ⅰ. '이것을 의심한 적이 없나요?' 유형

쓰는 시점	처음
질문 예시	'이거 이상하다고 생각한 적 없나요?' 혹은 '이런 일에 휘말려본 경험이 있나요?'
만드는 방법	질문의 답이 곧 나의 주장이 되거나 나의 주장에 흥미를 보일 만한 질문을 생각하면 완성

처음부터 '이런 것을 아시나요?'라고 묻는 형식이다. 대화에 끼어들지 못한 친구를 끌어들일 때 쓰는 문장이며, 주로 글의 앞부분에 쓰인다. STEP2에서 소개했듯이 주장이 답으로 돌아오는 질문이 여기

에 해당한다. 하늘이 푸른 이유에 대해 글을 쓰고 싶다면, '여러분, 하늘이 왜 푸른지 아세요?'라고 묻는 식이다. 다시 말해 '이 질문의 답을 아시나요? 저는 알고 있습니다'라고 글을 진행하는 형식이다. 인과형에 자주 쓰인다. 자신의 주장에 흥미를 느낄 만한 질문이 어떤 것인지 궁금할지도 모르겠다. 그러나 아무 걱정하지 않아도 된다. 당신의 주장과 관계가 있고, 뒤이어 오는 문장으로 답을 알 수 있는 질문이라면 무엇이든 '관심을 끄는 질문'이나 마찬가지다.

우선은 글을 어느 정도 쓴 후에 질문을 생각하는 방법도 좋다. 글을 다 쓴 뒤에 '이 부분은 독자가 생소하게 느낄지도 모르겠다'거나, 독자와 거리가 멀다고 여겨지는 부분에 '○○를 아세요?' '○○는 어렵게 느껴지나요?'라고 물어보는 것이다.

II. 상대의 말을 앞지르는 유형

쓰는 시점	'임팩트 문장' 또는 '양보 문장'의 뒤
질문 예시	'정말인지 궁금한 사람도 있겠지요?' 또는 '너무 어려운 것 아니냐고 생각하는 사람도 있겠죠?'
만드는 방법	트집을 □□ 위치에 넣으면 완성

상대가 의심할 만한 것, 즉 트집거리를 이쪽에서 먼저 묵살해버리는 것이다. '지금 이렇게 생각하는 사람 있죠?'라는 식으로 말이다. 1

인 토론의 트집 잡기에서 생각한 것을 □□속에 넣어 '□□라고 생각한 사람이 있는지' 묻는 형식으로 고치면 된다.

사실 양보하기에서도 이와 같은 방식의 양보를 소개했다. 어떻게 보면 질문 만들기의 예고편이었던 셈이다.

III. '정답은 어느 것?' 유형

쓰는 시점	임팩트 문장이나 양보 문장의 앞
질문 예시	'이중 어느 것이 정답일까요?' 또는 '여러분이라면 무엇을 고르시겠어요?'
만드는 방법	선택지 중에서 임팩트 문장이나 양보가 정답이 되고, 트집거리는 틀린 선택지가 되도록 쓰면 완성

임팩트 문장이나 양보 문장 앞에 선택지가 딸린 문제를 넣어 정답은 어느 쪽인지 묻는 유형이다. 'A와 B, 무엇이라고 생각하나요?'라고 물어보고 나중에 'B라고 생각하는 사람이 많겠지만, 사실 A입니다!'라고 덧붙이면 양보나 임팩트 문장의 효과를 배가시킬 수 있다. STEP3에서 말했듯이 그렇게 되면 독자는 '뭐야, 왜 그렇게 되지?'라며 답을 설명해주길 바라고 글 속으로 더욱 빠져든다. 이것이야말로 '덫'이다.

요컨대 이 유형은 퀴즈다. 퀴즈는 남녀노소 불문하고 누구나 마음이 끌리는 최강의 질문 형식이라고 할 수 있다. 인간은 예로부터 퀴즈를 즐겨왔다. '어느 쪽일까?' 고민하다가 정답을 맞히면 기쁘고, 틀리면 속상해하면서 말이다. 이러한 오락 요소를 넣음으로써, 당신의 글은 드라마틱하게 달라진다.

질문의 빈도에 주의하기

질문 만들기 3단계 중 마지막은 400~500자마다 한 번씩 질문하면 좋다는 것인데 실제로 글을 쓸 때 사용하면 가장 효과적인 방법이기도 하다. 이보다 간격이 짧으면 성가시게 느껴지고, 멀어지면 일방적인 글이 된다. 어렵겠다고 겁 먹는 사람이 있을지도 모르나, 직접 해보면 질문 없이 글을 쓰는 것이 오히려 더 어색하다. 질문은 대화의 기본이기 때문에 질문이 섞일수록 글은 자연스러워진다. 그러니까 글 속에 꼭 질문을 넣어보자. 글쓰기가 한결 쉬워질 것이다.

 Point 34 글 쓸 때 던지는 질문에는 세 가지 유형이 있다

● 주관적인 글일수록 독자와의 거리는 가깝다

주관적인 글과 객관적인 글, 당신은 어떤 글을 선호하는가? 이 질문에 대한 답은 사람마다 다를 것이다. 만약 '나는 이렇게 생각한다'고 쓰면, '그건 당신만의 생각이겠죠'라고 트집을 잡힐 수도 있고, 그렇다고 '모두가 이렇게 생각하더라'라고 쓰면 '당신은 그렇게 생각하지 않나요?'라며 의심을 살 수도 있다. 주장 만들기에서도 이야기했듯이, 취향에 따라 주관적인 의견을 말하고 싶을 때도 있고 객관적 내용을 전하고 싶을 때도 있기 때문에 어느 쪽을 쓰든 문제는 없다. 무엇을 써도 좋다는 뜻이다.

그러나 글을 '읽는 이의 대화'라는 관점에서 보면 다르다. 객관적인 글보다는 주관적인 글이 훨씬 더 대화하기 쉽다. 예를 들어보면 쉽게 알 수 있다. 다음 중에서 '이야기를 들어보고 싶다'는 생각이 드는 문장은 어느 쪽인가?

주장: 등교를 거부하는 아이가 있다면, 이런 말을 해줘야 한다.
A: 나 역시 등교를 거부한 적이 있다. 그런데…
B: 등교를 거부하는 학생의 70퍼센트가 ○○○이라는 말을 듣고 도움이 되었다는 설문조사 결과가 있다.

짐작대로 A는 나의 이야기이기 때문에 주관적인 글, B는 설문조사를 끌어왔으므로 객관적인 글이다. 두 문장을 비교할 때, 설득력이 있는 글은 B일지도 모른다. 하지만 왠지 모르게 A가 어떤 말인지 들어보고 싶다는 마음이 들지 않나?

A와 B 모두에게 당신이 하고 싶은 질문을 생각해보자. 아마도 A에게는 '당신에게 그 말은 어떤 의미가 있나요?' 혹은 '어떻게 위로를 받았나요?' 등 물어볼 내용이 많다. 하지만 B에게는 '어떤 사람들을 대상으로 한 설문이었나요?'라는 정도의 질문에 그칠 듯하다. 질문하기 쉬운 글은 상대와의 거리가 가까운 글이다. 거리가 가까운 만큼 질문하기도 쉽다. 거리감이 느껴지면 질문하기가 어려워진다. 그렇게 보면 객관적인 글은 먼 거리의 글이다. 독자 역시 사람이기 때문에 기계적인 데이터보다는 인간적인 감정에 더 친밀감을 느낀다. 따라서 A처럼 감정적으로 느낀 점을 말하고 다가서면 거리가 가까워지고, 질문도 떠올리기 쉽다.

글에도 자기소개가 필요하다

주관적인 글쓰기에는 글쓴이의 얼굴을 보여주는 '자기소개'가 포함되어야 한다. '등교를 거부한 학생 중 70퍼센트가 ○○○이라는 말을 듣고 도움이 되었다는 설문조사가 있다'는 내용뿐이라면 글쓴이가 어떻게 판단하는지 알 수 없다. 혹시 B도 등교를 거부해본 사람이라면 주장에 크게 공감할 수 있겠지만, 이 문장에서는 그런 내용을 찾아보기 힘들다. 즉 '얼굴'이 보이지 않는다. 누구인지 모르고, 얼굴도 보이지 않는 상대보다는 자기소개도 마치고, 얼굴을 마주한 상대와 이야기하는 편이 훨씬 말하기가 쉽다. 즉, 주관적인 글쓰기가 객관적인 글쓰기보다 훨씬 더 독자와의 거리가 가까운 셈이다.

놀랍게도 도쿄대 입시 문제에는 의외로 감성적인 글이 지문으로 자주 출제된다. 내가 시험을 치르던 해에는 기르던 고양이가 죽어서 굉장히 슬펐다는 내용의 글이 출제됐는데, 시험이 끝나고 나서 친구가 "아까 그 글, 정말 슬펐어"라고 말했던 기억이 난다. 해당 지문은 고양이의 죽음을 계기로 느낀 삶과 죽음, 헌신을 주제로 써내려간 글이었다. 그 문제를 풀고 점수를 받으려면 키우던 고양이의 죽음 이야기를 주관적으로 분석해야만 했다.

시험에 출제되는 지문이면 아주 객관적이고 촘촘한 논리로 구성된 글을 출제할 것 같지만, 오히려 주관적인 면이 강조된 글이 출제되는 경우가 많다. 내가 편집장으로 있는 도쿄대 서평 동아리에서도 다들 주관적인 입장에서 '이 장면은 내 경험과 겹쳐 보여서 크게 와닿았다'는 식의 서평도 자주 보이는데 이런 글이 역시 읽기 쉽다. 객관적인 글을 쓰는 것도 필요하지만, 주관적인 면도 넣어서 쓰면 상대로부터의 공감을 받기 쉽다.

일부라도 얼굴을 보여주는 것이 중요하다

주관적인 글에 어떤 장점이 있는지 이해되었는가. 그렇다고 무조건 주관적인 글을 쓰자는 말이 아니라는 점은 짚고 넘어가고 싶다. 일부라도 좋으니 '얼굴'이 보이는 주관적인 부분을 넣자는 뜻이다. 줄곧 상대방의 일방적인 이야기만 들으면 쉽게 피로감을 느낀다. 자기소개를 하되 빠르게 끝내는 편이 좋다. 딱딱한 이야기를 누군지도 모르는 사람이 하면 어쩐지 무섭다는 느낌이 든다. 일부라도 좋으니 자기소개 같은 문장을 숨겨두길 추천한다. 게다가 자기소개는 질문을 끌어낸다. 앞의 예시만 봐도 주관적인 문장에 대해서는 질문을 떠올리기 쉬웠다. 이 역시 '질문의 덫'이기 때문이다. 이렇듯 덫으로도 활용 가능한 자기소개를 하는 테크닉을 지금부터 소개하려 한다. '위치 잡기'로 자신의 체험을 섞어 말하면서 내가 어느 위치에서 이야기하는지를 알리는 방법이다. 즉, 자신을 드러내는 것이다.

 Point 35 글에도 글쓴이의 얼굴이 보이는 자기소개가 필요하다

● 위치 잡는 방법

위치 잡기는 두 단계면 끝난다. 그런데 그 두 번째 단계가 조금 복잡하므로 자세히 설명하려 한다.

① 주장과 목적을 정리한 메모를 꺼낸다.
② 다음 네 가지 중 나는 어느 위치에 해당하는지 확인한다.

상사가 부하에게, 선생님이 학생에게. 이처럼 상대와의 관계를 생각할 때, 내 쪽이 우위에 있다면 '위'다. 친구나 동료, 업무 파트너에게. 마찬가지로 상대와의 관계를 생각할 때, 서로 대등하다면 '옆'이다. 부하가 상사에게, 학생이 선생님에게. 상대가 윗사람이면 '아래'다. 위도, 옆도, 아래도 아니어서 관계를 분류할 수 없다면 '그 외'다. 예를 들어 불특정 다수에게 자신의 감정을 전할 경우, 상대와 자신의 관계를 파악하기 어렵다. 만약 블로그에 나의 수험 생활을 주제로 한 글을 쓴다면, 그 글은 '그 외'에 속한다. 같은 처지의 수험생이나 후배가 볼 수도 있고 선생님이나 선배가 볼 수도 있기 때문이다. 혹은 전혀 이해관계가 없는 사람에게 객관적인 사실을 말할 때도 있다. 뉴스나 사건을 전하거나, 시험문제의 답안을 쓸 때도 마찬가지다. 이처럼 '위', '옆', '아래'가 모두 아닐 때는 모두 '그 외'로 분류한다.

[4가지 포지션]

위치	자주 쓰이는 글의 형식
위	논문, 전문지식이 많은 프레젠테이션 등
옆	메일, 채팅, 회의록 등
아래	제안서, 질문지 등
그 외	리포트, 시험 답안, 블로그 등

옆이 가장 편하다

넷 중 하나를 고르면, 선택에 따라 글쓰기가 다음과 같이 달라진다.

Ⅰ 옆을 고르면 자신의 주장에 대한 생각을 쓴다.

Ⅱ 위를 고르면 자신의 경험을 찾아 쉽게 풀어쓴다.

Ⅲ 아래를 고르면 자신의 위치를 정확히 밝힌 뒤, 주장에 대한 생각을 당당히 밝힌다.

Ⅳ '그 외'를 고르면 Ⅰ·Ⅱ·Ⅲ에서 적당한 위치를 정해서 쓴다.

이 단계는 상세한 설명이 필요해 보인다. 우선 옆이 가장 좋은 포지션이다. 솔직히 사람들은 대등한 상대의 말 말고는 잘 듣지 않는다. 선생님이나 부모님이 '공부하라'고 해도 좀처럼 의욕이 생기지 않는다. 하지만 친구가 '같이 공부하자'고 하면 조금이나마 의욕이 생긴다. 이렇듯 비슷한 처지에 있는 사람의 말이 아니면, 행동에까지 영향을 미치는 경우는 별로 없다. 선생님이나 부모님 말씀이더라도 '나도 예전에 공부를 안 해서 고생한 적이 있다. 나는 네가 내가 겪은 시행착오를 반복하지 않기를 바란다'는 식으로 다독여주면 마음이 동한다. 위에서 내려다보며 말하듯 '해라!'라던 말을 바꿔서, 같은 위치의 시선으로 '해보면 좋다'고 이야기하면 듣는 이가 받아들이는 게 다르다. 옆에서 말하는 것은 그러한 효과가 있다.

STEP4에서 몇 번이나 이야기했지만, 거리가 가까울수록 의미가 쉽게 전달된다. 위나 아래는 거리가 너무 멀다. '강하게 말하면 바뀔 수도 있지 않아?'라고 생각하는 사람도 있겠지만, 그것도 사실은 위치의 변화가 포함되어 있다. '큰일 난다. 지금 공부하지 않으면 나중에 고생한다'는 선생님의 충고에 '해야겠다'고 마음먹는 학생도 있을 수 있다. 그러나 달리 생각해보면 이 말은 선생님이 학생을 동등하게 대한 것으로 해석할 수 있다. 학생에게 미움받는 것을 무릅쓰고 진심을 담아 꾸짖는 것이다. 그런 면에서 대등한 위치다.

《성공한 사람의 업무 기술》 같은 책은 잘 팔린다. 그렇지만 성공한 사람이 우리와 '완전히 다른 인간'처럼 느껴지면 몰입하기 힘들다. 독자가 저자와 대등해지고 '어떻게든지 그 사람처럼 되고 싶다. 더 잘해서 그 사람에 가까워지고 싶다'는 마음이 들어야 한다. 결국, 대등한 위치가 아니면 사람은 잘 들어주지 않는다. 위치 잡기는 대등한 관계를 만드는 것이다.

글쓰기는 위치에 따라 달라진다

Ⅰ부터 Ⅳ까지 살펴보자. 위치가 옆이어서 대등한 사람에게는 그대로 자신이 생각한 바를 쓰면 된다. 그 주장에 대한 생각이 그대로 자기소개가 된다. '나는 이 라면이 정말 맛있다', 혹은 '내가 등교를 거부해봤기 때문에 이 주장의 정당성을 잘 안다'라든지 그저 주관적인 생각을 있는 그대로 쓰면 된다.

글쓰는 이의 위치가 위라면 우선 옆에서 쓸 수 있는 포인트를 찾아야 한다. 선생님이라면 학생 편에 서고, 상사라면 부하의 처지에서 이야기해야 한다. 어려워 보일 수도 있겠지만, 의외로 간단하다. 이 포인트는 어느 한 부분에만 넣으면 충분하다. 하나라도 좋으니 그러한 지점을 마련해놓으면 그다음은 저절로 '질문의 덫'이 된다. 반대로 상대의 입장에 서는 포인트가 너무 많으면 오히려 질문하고 싶은 마음이 사그라든다. 정보를 조금씩 내보여야 '무슨 말이지?'라며 묻고 싶어진다.

상대의 입장에 선다는 말은 바꾸어 말하면 상대와의 공통점을 찾는다는 뜻이기도 하다. '예전에는 나도 비슷했다'는 공통점이어도 좋고, '네게 어려운 일이 쉽지 않기는 나도 마찬가지'라는 식으로 나의 약점을 내보여도 좋다. 하지만 일방적으로 '너의 기분을 안다'고 말할 필요는 없다. 자기소개는 주관적이어야 한다. 상대가 주어인 자기소개는 강요가 되는 경우가 많다. '나도 그랬기 때문에 너의 기분을 잘 안다'는 식으로, 반드시 주어가 '나'여야 한다.

아래는 어쩌면 가장 글을 쓰기 어려운 위치다. 위처럼 '나와 당신은 함께'라는 방식으로 이야기하면 실례가 되기도 한다. 이럴 때는 자신의 위치가 아래라는 것을 정확히 밝히고 옆에서 이야기하는 방식을 취해보자. '나의 입장은 비록 이러하지만, 이렇게 생각한다'라고 말하는 것이다.

아주 당연하다는 듯이 대등하게 자신의 감정을 드러내면 상대는 '이 사람 뭐지?'라고 생각할 수 있다. 관계가 대등하지 않은데 대등한 것처럼 행동하는 것으로 비칠 수 있기 때문이다. 실수하기 쉽다.

하지만 '그 점을 알고 있지만 말하고 있다'는 사실을 밝히면 대부분 넘어간다. "실례를 무릅쓰고 말씀드리지만…"이라고 말하는데 "그렇군요. 실례가 많군요"라고 말하는 사람은 드물다. 또 직접 '대등하지 않음을 안다'고 밝히는 과정에서 대등하지 않은 자신의 위치를 분별하고 판단하게 된다. 이러한 방식은 확실히 일반적인 '대등하게 말하기'와는 많이 다르다.

그 외는 우선 위치를 결정해야 한다. '결정하기 힘드니까 그 외로 뺀

것 아닌가?'라고 생각할지도 모르지만, 결정하지 않으면 위치를 잡을 수 없다. 글쓰기에는 '팔방미인'이 존재하지 않는다. 자신이 어디에 있는지, 누구에게 쓰고 있는지도 모르면서 글을 쓰면, 아무에게도 전해지지 않는 글이 된다. 나의 입장을 바꿔 모두를 향한 글을 쓰려고 해봤자, 결국 그 글은 아무도 읽지 않는다. 따라서 현재 나의 위치가 '밖'이라고 여겨진다면 반드시 '안'으로 들어가야 한다. '밖'이란 객관적인 거리를 두고 보는 상태를 말한다. 그러나 이미 여러 번 언급했듯이, 거리가 멀면 아무에게도 전해지지 않는다. 우선은 상대와 가까워져야 한다. 상대를 고려해 나의 위치를 잡고, 말해야 한다. 내가 먼저 다가가지 않으면 자기소개를 할 수 없다. 만약 지식을 전하고 싶다면 '위'를 택하면 된다. 지식을 전달하는 게 아니고 단순히 의견을 이야기한다면 '아래'를 선택하면 된다. 대등하게 말을 걸고 싶다면 '옆'을 선택하면 된다. 어느 쪽인지 선택한 뒤, 밖에서 안으로 들어가 이야기해야 한다.

지금껏 밖에서 글을 썼던 사람은 꼭 시험해보길 바란다. 이 점만 바꾸어도 글이 몰라보게 달라질 것이다.

어느 입장이든 최종 목표는 옆에서 말하기다

STEP3과 STEP4에서 줄곧 상대방에게서 나로 향하는 화살을 어떻게 만들지에 대해 이야기하고 있다. 달리 말하면, 어떻게 하면 나와 상대방을 대등히게 만들 수 있을까, 어떻게 같은 씨름판에 설까 하는 고민이다. 글에 흥미를 갖고 트집을 잡을 만큼 거리가 가까워지는

단계가 STEP3, 더 가까이 오게 만든 다음 흉금을 떠놓고 대화하기
위한 단계가 STEP4다.

어쨌든 상대에게 다가가서 나와 함께 대화할 수 있도록 만들고, 나
의 이야기를 상대가 더 깊이 이해하도록 돕는 것이다. '상대→나'란 대
등하게 이야기하기 위한 화살표다. 그러니 이 STEP3과 STEP4의 기
술을 익히면 여러분도 반드시 상대에게 친밀하게 다가서는 글을 쓸 수
있을 것이다. 꼭 실천해보기 바란다.

Point 36 **목표는 독자와 내가 선 위치를 살펴 친근하게 다가서는
글을 쓰는 것이다**

가지치기가 스마트한 글을 만든다
– 읽는 사람의 처지를 의식하라

1 | 문장의 필요 없는 부분을 알아보는 기술

● 문장 하나하나의 역할을 뚜렷하게 한다

STEP1과 STEP2에서 '나→상대'로 향하는 화살을, STEP3
과 STEP4에서 '상대→나'로 향하는 화살을 만드는 법을 소개했다.
STEP5는 마무리 단계다. 양쪽 방향에서 쏜 화살을 다듬어서 효과적
이고 정돈된 글로 완성하는 방법, 가지치기를 배워보자.

글은 나무다

가지치기에 대해 설명하기 전에 한 가지 알아두었으면 하는 것이
있다. 글은 나무와 같다는 점이다. 나무라고 하면 어떤 이미지가 떠오

르는가? 우선 나무에는 큰 줄기가 있고, 거기에서 가지가 뻗어나간다. 땅 밑으로 뿌리가 깊이 박혀 있는 덕분에 강한 바람이 불어도 쓰러지지 않는다. 이것이 나무의 이미지다. 글의 구성은 방금 묘사한 나무의 이미지와 똑 닮았다. STEP1~4는 모두 나무를 키우는 과정이라고 해도 과언이 아니다. 뿌리가 뻗고 줄기가 나고 그다음에는 가지와 잎, 마지막으로 열매를 맺게 된다. 이 책에서 소개하는 글쓰기의 순서와 똑같다.

먼저 뿌리를 내린다. 이는 STEP1에서 만든 목적에 해당한다. 목적 만들기는 나무가 뿌리를 깊게 내리는 행위다. 그리고 여기서 줄기가 뻗어 올라간다. 주장 만들기다. 주장 만들기는 나무로 따지면 줄기를 만드는 과정이다. 목적을 뿌리 삼아, 하고 싶은 주장을 글로 옮기는 단계다. 이들 두 가지가 모여서 글의 뿌리가 된다. 다음에는 가지를 길러내야 한다. 이는 STEP2에서 소개한 '목차 만들기'를 의미한다. 주장을 보완하고 내용을 알기 쉽게 하려면 어떤 형식이 적절할지, 즉 가지를 어떻게 키우면 좋을지 생각하는 일이다.

가지의 끝에서 잎과 꽃이 자란다. 이 단계는 뿌리, 줄기와는 성격이 조금 다르다. 물론 나무의 뼈대가 되는 부분은 '뿌리, 줄기, 가지'다. 이것을 갖추지 못한 나무는 나무라고 할 수 없다. 하지만 잎이나 꽃이 없는 나무도 어딘가 쓸쓸해 보인다. 사람이 외모를 가꾸는 것처럼, 다른 사람의 흥미를 끌기 위해서 잎과 꽃이 필요하다.

잎은 STET3에서 다루었던 '1인 토론'으로 보면 된다. 주장에 설득력을 갖추는 과정이며, 나무의 영양을 전달하고 나무를 나무답게 만드는 중요한 역할을 하는 존재가 바로 잎이다. STEP 4의 '질문의 덧놓기'는 사람이나 새를 불러들이는 꽃의 역할을 한다. 꽃이 있으면 보기에도 화려하고, 많은 사람이 멋지다고 여기는 나무가 완성된다.

　요약하자면 다음과 같다.

뿌리	→	목적
줄기	→	주장
가지	→	논리의 형식에 해당하는 부분
잎	→	설득력을 갖추는 말
꽃	→	대화로 이어지게 만드는 질문

각 역할의 구체적인 예시

예전부터 누군가를 부러워하는 마음은 흔했습니다. 남들이 자신보다 성공한 듯이 보이거나 행복해 보이는 것은 낯설지 않습니다. 별 것 아닌 듯해도 주위를 돌아보면 흔하게 찾아볼 수 있습니다. 여러분의 주위에도 결혼했으면서 '독신이 좋다'거나 미혼이면서 '결혼하고 싶다'라고 말하는 사람이 있지 않은가요?

사람은 내가 선택하지 않은 길에 있는 사람을 보면 '저쪽 길이 좋았던 것은 아닐까'라고 느끼기 쉬운가 봅니다.

위의 글을 앞의 설명처럼 뿌리와 줄기, 가지, 잎, 꽃으로 나누면 다음과 같다.

> 줄기 = 사람은 내가 선택하지 않은 길을 걷는 사람을 보면 '저쪽 길이 좋았던 것은 아닐까' 생각하기 쉬운가 봅니다. (주장)
>
> 가지 = 남들이 자신보다 성공한 듯이 보이거나 행복해 보이는 것이 낯설지 않습니다. (동격형)
>
> 잎　= 별 것 아닌 듯해도 주위를 돌아보면 흔하게 찾아볼 수 있습니다. (임팩트 문장)
>
> 꽃　= 결혼했으면서 '독신이 좋다'거나 미혼이면서 '결혼하고 싶다'라고 말하는 사람이 있지 않은가요? (질문)

이처럼 지금까지 배운 테크닉으로 설명이 가능하다. 그런데 왜 뿌리가 없는지 궁금한 사람도 있을 텐데, 실제 나무를 상상해보면 간단하다. 보통 나무의 뿌리는 겉으로 드러나 있지 않다. 뿌리는 아래를 파보기 전까지 보이지 않는 존재다. STEP1에서 목적 만들기 작업을 했다. 그때 만든 목적이 글 쓰는 데는 중요하지만, 실제 글에는 끼워 넣지 않아도 괜찮다.

'독자들이 이렇게 변해주길 바란다'와 같이 직설적으로 드러내지 않아도 된다는 뜻이다. 하지만 '뿌리'와 '줄기'는 밀접하게 이어져 있다. '줄기'를 보면 자연스럽게 독자들도 '무엇이 뿌리인지' 파악할 수 있다.

뿌리를 알아보기 쉬운 글이 좋은 글

읽는 이가 뿌리를 찾아냈다는 것은 내용이 잘 전달되었다는 의미다. 위의 예문을 읽은 사람이 '그래, 남을 부러워하는 것은 당연한 일이지'라고 이해한다면 성공이다. 그런 식으로 뿌리를 알아보기 쉬운 글을 쓰는 것, 즉 상대가 이해하기 쉬운 글을 쓰는 것이 무엇보다 중요한 핵심이다. 뿌리를 알아보기 쉽게 쓰려면, 뿌리에 가장 가까운 줄기를 알려줄 필요가 있다. 줄기를 가능한 한 굵게 키워서 알아보기 쉽게 쓰는 것이 '전하기 쉬운 글'을 만드는 비결이다. 그렇기에 '곁가지'를 적당히 자르고 다듬어서 줄기를 굵게 키우는 것이 좋다. 다시 말해 가지치기는 줄기를 강조하는 기술이다. 나무로서, 그리고 글로서 분명한 형식을 갖추기 위해서 굵고 알아보기 쉬운 줄기를 만들어야 한다. 줄기가 단단해야 바람이 불어도 흔들리지 않고, 독자가 뿌리를 쉽게 찾

을 수 있다. 그래서 반드시 가지치기가 필요하다.

가지치기에는 두 가지 기술이 있다. 하나는 무엇이 가지인지, 줄기인지를 판단하기 위한 '가지치기'다. 그리고 다른 하나는 가지치기 과정에서 발견한 가지를 줄기로 바꾸거나 짧게 바꾸는 '대체하기'다. 가지치기의 두 과정을 거치면 줄기가 굵어져 이해하기 쉬운 글이 된다. 꼭 실천해보길 바란다.

 Point 37 글을 나무로 비유했을 때, 뿌리와 줄기, 가지, 잎, 꽃의 역할을 하는 문장들이 있다

● 불필요한 문장은 읽을 마음을 사라지게 한다

무엇이 불필요한지 찾아보고, 필요 없는 정보를 잘라낸다. 글을 쓸 때 매우 중요한 작업이다. 쓸데없는 가지를 들어냄으로써, 필요한 정보만으로 구성된 논리적이고 이해하기 쉬운 글을 완성할 수 있다. 무엇보다 정보를 분류할 줄 안다면 불필요한 글을 쓰는 일 자체도 줄어들 것이고 말이다.

'이미 쓴 내용을 굳이 지울 필요는 없지 않아? 불필요한 정보가 있을까?'라고 생각하는 사람이 있을지도 모르겠다. 하지만 '필요 없는 내용을 쓰는 것'은 글 쓰는 사람들이 빠지기 쉬운 함정이다. 당연히 이 함정에 빠지면 좋은 글을 쓰는 데 실패하는 경우가 많다. 그래서 '가지치기'는 정말 중요하다.

누구나 필요 없는 것을 쓰기 쉽다

인간은 불가사의한 존재다. 긴 이야기를 듣는 것은 질색하면서, 정작 자신은 길게 이야기하기를 좋아하는 사람이 많다. 예를 들어, 교장 선생님의 훈화 말씀은 언제나 길어서 듣기 힘들다. 속으로 '빨리 끝내지' 하고 읊조려본 사람이 대부분일 게 분명하다. 굳이 이러한 사례가 아니어도 '말이 긴 사람'과 함께 있는 건 불편하다.

그런데 반대로 내가 말해야 하는 상황이 되면 나도 모르게 길게 늘어진다. 상대에게 설명할 때, 내 의견을 이야기할 때도, 무심코 설명이 길어진다. 프레젠테이션을 해봤다면 알겠지만, '5분 안에 끝내야지'라고 해도 7~8분이 되거나, '10분에 끝내야겠다'고 생각해도 13~15분이 되는 경우가 허다하다. 긴 이야기를 듣는 것은 고통스럽지만, 말하는 쪽이 되면 말이 길어진다는 걸 의식하지 못한다. 이상하지만 사람에게는 그런 경향이 있다. 글쓰기에도 이러한 경향이 나타난다. 짧게 정리하는 것보다 길게 쓰는 편이 훨씬 편하게 느껴지기 때문이기도 하다. '정말 그런가?' 의문을 갖는 사람이 있다면, 다음 문제를 풀어보길 바란다.

다음 중 도쿄대 입시 문제는 몇 번일까?

① 다음 견해에 대하여 찬성 혹은 반대, 하나의 의견을 영어로 정리하시오. 40~50글자로 쓸 것.
② 다음 질문에 대한 당신의 견해를 200자 정도의 영어로 답안지에 정리하시오.

정답은 ①번이다. ①은 1998년 도쿄대 영어 문제, ②는 2018년 도쿄외국어대의 영어 문제다. 이것을 보고 '도쿄대의 영어보다 도쿄외국어대의 영어가 더 어렵겠다'고 생각하는 사람이 있을지도 모르지만, 그렇지 않다. 사실 '40~50자'라는 제한은 상당히 까다롭다. 관심 있는 사람은 양쪽 모두 도전해보길 바란다. 글자 수는 3분의 1인데 도쿄대의 영어 문제가 훨씬 더 오래 걸리고 쓰기도 어렵다. 글자 수 제한이 적다 보니 분량을 채워 쓰기는 쉽지만, 의외로 제대로 된 글을 쓰기는 어렵다. 쓰고 나서 다시 읽어보면 '결국 무슨 말을 하고 싶은 거지?'라는 생각이 드는, 이해하기 힘든 글이 되는 경우가 많다.

도쿄대 영작문 문제의 글자 수 제한은 예전부터 계속 이어져왔지만, 다른 대학에 비하면 특히 짧다. 영어 문장을 길게 쓰는 것도 분명 어렵다. 하지만 그보다는 '짧게 정리해서 쓰는' 쪽이 훨씬 더 어렵다. 작성하는 언어와 상관없이, 모든 글쓰기가 마찬가지다.

왜 짧게 쓰기가 어려울까

도쿄대는 글자수를 제한한 작문 문제를 통해 어떤 능력을 파악하려는 것일까? 그것은 비판적 사고력이다. 다른 사람에게 전해지기 쉬운 글을 쓰는 힘. 나의 글에서 어디가 어려운지, 이상한지를 스스로 비판하는 힘이 있는지 확인하려는 것이다. '이 부분은 어려워서 이해하기 힘들겠지'라고 글을 다듬거나, '여기는 설명이 길어지니 상대방에게 전해지지 않겠다'며 글을 다듬을 수 있어야 한다. 그렇게 자신의 글을 객관적으로 보면서 필요 없는 부분은 들어내고, 필요한 내용만 쓰겠다는 자세로 글을 쓰는 능력을 말한다.

비판적 사고를 바꿔 말하면 '타인의 시점'에서 바라본다는 의미다. 읽는 이의 시선에서 글을 쓸 수 있는지가 중요하다. 이는 STEP2에서 소개한 '똑똑한 독자병'을 고치는 데도 필요한 발상이었다. 글쓰기 자체는 누구라도 할 수 있다. 글자를 그저 쓰기만 해도 글은 글이니까. 하지만 읽는 사람이 읽기 쉽도록 읽는 사람의 입장에 서는 글, 독자의 편에서 쓴 글은 의식하지 않으면 쓰기 어렵다. 의식하고 쓸 수 있는지 그 여부를 판단하는 기준이 바로 '간추려 쓸 수 있는가'다. 읽는 사람에게 긴 글이나 긴 이야기는 고통이다. 반대로 쓰는 사람은 긴 글이나 긴 이야기가 편하다. 독자의 편에 서서 글을 쓰려고 의식이 한다면, 글을 짧게 정리해야 한다.

짧게 쓰기는 독자를 향한 배려

어렵게 들릴 수도 있지만 이는 글쓰기에 국한되지 않는다. '상대를 생각하고 행동해라', 혹은 '남을 배려하는 마음을 갖자'는 이야기는 초등학교 도덕 시간에 배우는 내용이다. 내가 상처를 받았다고 해서 다른 사람에게 그 상처를 똑같이 돌려줘서는 안 된다고 배웠다. 마찬가지다. 남에게 장황한 이야기를 듣는 것이 싫으니, 나도 상대에게 장황하게 늘어놓아서는 안 된다는 뜻이다.

직접 경험한 바에 의하면, 상대를 생각하고 행동하면 여러 가지 문제가 의외로 쉽게 해결된다. 시도해보지 않아서 할 수 없었던 것이지, 일단 시도해보면 생각보다 어렵지 않다는 걸 알 수 있다. 그리고 하다 보면 점점 더 자연스러워진다.

글쓰기도 마찬가지다. 지금부터 설명할 가지치기의 본질은 상대를 생각하는 마음에서 비롯된다. '일단 해보자' 마음먹으면 의외로 간단하다. 그러니 여러분도 상대를 의식하고 글을 썼으면 좋겠다. 놀랍게도 상대를 의식하는 자세만 갖추면 가지치기는 금세 해결된다.

필요한 것만 쓴다는 자세는 독자를 향한 배려다

● 불필요한 문장을 찾아내는 가지치기 방법

① 자신의 글이 세 가지 유형 중 어디에 가까운지 생각한다

자신이 쓴 글이 STEP2에서 소개한 동격형, 인과형, 비교형 가운데 어느 유형인지 확인한다.

② 한 문장씩 줄기, 가지, 잎, 꽃 중 어디에 해당하는지 체크한다

내가 쓴 문장을 한 문장씩 살펴보며, 해당 문장이 어느 역할인지 확인한다.

③ 어떤 역할도 하지 않은 문장이 있다면 불필요한 가지다

글 전체에서 문장의 역할을 하나하나 점검하면서 줄기와 가지, 잎, 꽃 중 어디에도 해당하지 않는 문장이 있으면, 그 문장이 바로 필요 없는 부분이다.

④ 내용이 중복되거나 긴 문장도 불필요한 가지다

몇 번이나 같은 역할을 하는 문장이 나온다거나 길이는 긴데 그
다지 효과적이지 않다고 여겨지는 내용도 필요 없는 부분이다.

'불필요한 가지'를 찾아낸 후에 처리하는 방법은 대체하기에서 소
개하겠다.

Point 39 줄기나 가지, 잎, 꽃의 역할을 하지 못하는 문장과
내용이 겹치는 문장은 필요 없는 것이다

● 세 가지 형식은 각각 어떤 나무인가

① 동격형

개요	자신의 주장을 다른 말로 환원하면서 제시하는 형식
어떤 글에 많은가	설명, 논설, 채팅, 설득 등 폭넓게 쓰인다.

동격형은 같은 내용을 몇 번이나 반복적으로 설명하면서 상대에게
알려주는 방법이다. 이 형식은 줄기를 여러 번 바꿔 말한다. 다음 그림
처럼 주장이 되는 줄기를 앞뒤에 두고, 그 사이에 가지로 분류되는 이
유, 구체적 예시, 설명이 더해지는 방식이다.

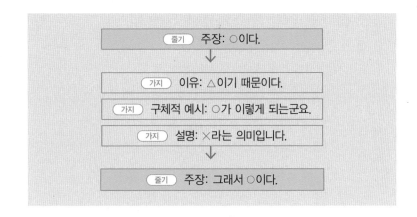

그럼 다음 문제에서 필요 없는 한 문장을 찾아보자.

가지치기 문제 1

남을 행복하게 할 수 있는 사람은 스스로 행복한 사람뿐이다. 행복이란 전염되는 것이며, 행복은 각자 다르게 느끼기 때문이다. 예를 들어, 즐거워 보이는 사람의 이야기를 듣고 있으면, 나도 행복해지지 않는가? 반대로 슬퍼 보이는 사람, 화 내는 사람의 불평을 듣고 있으면 나까지 불행한 기분에 빠져든다. 이렇듯 '행복의 전염'은 심리학 분야에서 과학적으로 검증된 현상이다. 즉 남을 행복하게 하려면 내가 먼저 행복해지고, 타인에게 행복을 퍼뜨려야 한다는 뜻이다.

답

• **줄기= 주장:** 남을 행복하게 할 수 있는 사람은 스스로 행복한 사람뿐이다.

- **가지= 이유:** 행복이란 전염되는 것이니까.
- **잎= 구체적 예시(질문):** 즐거워 보이는 사람의 이야기를 듣고 있으면, 나까지 행복해지지 않는가?
- **가지= 구체적 예시:** 반대로 슬퍼 보이는 사람, 화내는 사람의 불평을 듣고 있으면 나까지 불행한 기분에 빠져든다.
- **가지= 설명:** 이렇듯 '행복의 전염'은 심리학 분야에서 과학적으로 검증된 현상이다.
- **줄기= 주장:** 남을 행복하게 하려면 내가 먼저 행복해지고, 타인에게 행복을 퍼뜨려야 한다.

'다른 사람을 행복하게 할 수 있는 사람은 스스로 행복한 사람뿐이다'라는 주장이 일관되게 이어지고 있다. 그런데 '행복은 각자 다르게 느끼기 때문이다'라는 문장이 겉돈다는 점을 알 수 있다. 가지도, 잎도 아닌 정보니까 잘라내야 한다.

이런 식으로 주장과 해당 문장이 어떻게 연결되는지, 줄기와 어떻게 연결된 가지인지, 잎인지 생각하면 '필요 없는 가지와 잎'을 쉽게 발견할 수 있다.

**⊼
One Point Advice** 예로 든 문장을 보면 알 수 있지만, 주장이 되는 '줄기'가 말하는 것은 구체적인 예시나 설명이다. 바꾸어 말하거나 보충하는 문장을 쓰고 마지막에 한 번 더 줄기를 언급하고 있다. 이렇듯 몇 번 이나 같은 말을 반복해서 상대가 이해하게끔 하는 형식이 '동격형'이다.

'몇 번이나 같은 내용을 써도 될까?' 하는 생각이 들 것이다. 줄기는 몇 번이고 반복해도 괜찮다. 어쨌거나 상대에게 꼭 전하고 싶은 말이기 때문이다. 그리고 가지나 잎도 역할이 다른 문장이라면 써도 된다. 이 글 에는 가지 역할을 하는 문장이 세 개 있는데, 각각의 이유와 구체적 예 시, 설명의 역할을 하고 있기 때문에 '필요 없는 가지'가 아니다.

반대로 '미국뿐만 아니라 프랑스에서도 같은 실험이 있었고, 그 결과 가 이러하다'와 같은 문장이 '가지=설명'으로 쓰였다면, 중복된 의미의 설명이 너무 길어지므로 지우는 편이 좋다.

② 인과형

개요	인과관계, 즉 원인과 결과가 글 속에서 이루어지는 형식
어떤 글에 많은가	리포트, 논의가 나뉘는 내용, 미지의 내용이 많은 설명문

원인이 되는 사실을 늘어놓고 마지막에 '그래서 이렇습니다'라는 결 과나 주장으로 정리하는 형식이 인과형이다. STEP4에서는 상대와의 거리가 멀 때 쓴다고 설명한 바 있다. 동격형에서는 주장(줄기)을 도입 부에 썼지만, '인과형'은 굳이 처음에 쓰지 않는 대신 모두가 알고 있 는 사실(가지)이나 질문(꽃)으로 시작해서 독자에게 친근하게 다가선다. 인과형 예문을 살펴보자.

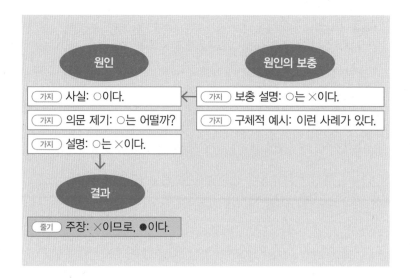

겉모습으로 남을 평가하기 쉽습니다. 잘생긴 남자나 아름다운 여자의 이야기가 더 설득력이 있다고 여기거나, 상냥해 보이는 외모의 사람이 더 친절하다고 단정 짓는 것, 여러분도 그런 경험이 있지 않나요? 겉보기에 좋은 사람은 넘치도록 많습니다. 그러나 여러분의 예상과 달리, 겉모습과 속내는 반드시 일치하지 않습니다. 예를 들어 아돌프 히틀러의 사진을 보고 사악한 이미지를 떠올리는 사람은 거의 없을 테지요. 험악한 외모를 가졌지만 친절한 사람도 있고, 똑똑한데도 외모는 그래 보이지 않는 사람도 있습니다. 수려한 외모를 가진 사람이 꼭 좋은 사람은 아닙니다. 그러니까 외모로 사람을 판단하는 것은 비합리적입니다.

- **가지= 사실:** 겉모습으로 남을 평가하기 쉽다.
- **가지= 구체적 사례 1:** 잘생긴 남자나 아름다운 여자의 이야기가 더 설득력이 있다고 여기거나, 상냥해 보이는 외모의 사람이 더 친절하다고 단정 짓는 것.
- **잎= 설명**(임팩트 문장): 예상과 달리 겉모습과 속내는 반드시 일치하지 않는다.
- **가지= 구체적 사례 2:** 아돌프 히틀러의 사진을 보고 사악한 이미지를 떠올리는 사람은 거의 없다. 험악한 외모를 가졌지만 친절한 사람도 있고, 똑똑한데도 외모는 그래 보이지 않는 사람도 있다. 수려한 외모를 가진 사람이 꼭 좋은 사람은 아니다.
- **줄기= 주장:** 외모로 사람을 판단하는 것은 비합리적이다.

'겉모습으로 남을 평가하기 쉽다'와 '겉모습과 속내는 반드시 일치하지 않는다'라는 원인이 등장하고, 마지막에 '외모로 사람을 판단하는 것은 합리적이지 않다'는 결론이 도출된다. '줄기'를 유도하기 위해 '가지'가 붙고, 그 보충으로 '잎'이 붙은 구조를 파악할 수 있다. 그리고 이 구조 속에서 '겉보기에 좋은 사람은 넘치도록 많습니다'라는 정보가 겉돈다는 점을 알 수 있다. 이 문장이 없어도 글의 흐름에 아무런 지장이 없고, 오히려 이 문장이 빠져야 이해하기 쉽다. 이 문장을 잘라내도 좋다고 보는 이유다.

게다가 '가지=구체적 예시 2'의 분량은 꽤 길다. 또 '똑똑한데도 외모는 그래 보이지 않는 사람도 있습니다'와 '수려한 외모를 가진 사람이 꼭 좋은 사람은 아닙니다' 두 문장은 내용이 비슷하다. 이 부분 역시 잘라내도 괜찮다.

③ 비교형

개요	두 개 이상의 내용을 비교해서 말하는 경우의 형식
어떤 글에 많은가	논란이 되는 사항, 선택지가 있는 일을 말할 때

두 가지 이상의 대립되는 개념, 두 개 이상의 선택지를 말하고 자세한 설명이나 구체적 예시를 제시한 뒤, '그래서 고기가 좋다', '모두 다르기에 각각 좋다고 생각한다' 등 자신의 주장(줄기)을 말하는 형식이 비교형이다. 이 점을 생각하면서 다음 문제를 풀어보길 바란다.

> **가지치기 문제 3**
>
> 사람을 엄격하게 가르칠지, 아니면 칭찬하면서 지도해야 할지는 논란이 있는 문제입니다. 엄하게 지도하면 '다음에 혼나지 않도록 열심히 해야겠다'고 느낀다는 의견도 있으나, 계속해서 심한 말을 들으면 동기부여를 유지하지 못하는 사람도 많은 듯합니다. 그리고 요즘은 엄격하게 지도하는 회사가 많다고 합니다. 반면에 칭찬하면서 가르치면 '계속 힘내자'고 생각하고, 의욕도 올라 오랫동안

노력할 수 있을 겁니다. 여러분도 엄격한 직장보다 칭찬받는 직장에서 더 오래 근무하고 싶다고 생각하지 않나요? 혹독한 지도보다 칭찬하고 격려하는 지도가 좋지 않을까요?

답

- **가지= 대비적 사실:** 사람을 엄격하게 가르칠지 아니면 칭찬하면서 지도해야 할지.
- **잎= 설명1(양보):** 엄하게 지도하면 '다음에 혼나지 않도록 열심히 해야겠다'고 느낀다는 의견도 있으나, 계속해서 심한 말을 들으면 동기부여를 유지하지 못하는 사람도 많다.
- **가지= 설명2:** 칭찬하며 지도한다면 '다음에도 힘내자'고 생각할 수 있고, 의욕도 올라 오랫동안 노력할 수 있을 것이다.
- **꽃= 구체적 예시(질문):** 엄격한 직장보다 칭찬받는 직장에서 더 오래 근무하고 싶다고 생각하지 않을까?
- **줄기= 주장:** 혹독한 지도보다 칭찬하고 격려하는 지도가 좋다.

'엄격한 지도'와 '칭찬하는 지도'가 대립되는 개념으로, 여기서는 '칭찬하는 지도가 좋다'는 주장이 마지막에 온다. 그 흐름에 맞추어 '가지=설명'이 전개되고 있다. 그렇다면 '요즘은 엄격하게 지도하는 회사가 많다고 한다'는 문장은 아무런 역할도 하고 있지 않다는 걸 알 수 있다. 특별히 대조나 비교와 관련된 문장이 아니기 때문이다. 이렇게 '필요 없는 가지와 잎'을 찾으면 된다.

나도 역할을 알 수 없는 문장은 절대 남에게도 통하지 않는다

어떤가? 여러분의 글에서 가지나 줄기를 쉽게 찾을 수 있었는가? 바로 찾기 어려웠다면 어쩌면, 당신의 글을 읽는 독자도 마찬가지일 것이다. '이 사람, 도대체 무엇을 말하고 싶은 거지?'라고 느낄지도 모른다. 그럴 때는 STEP2의 '세 가지 형식'으로 돌아가보자. 형식을 다시 한번 검토하고 나서 쓰면 한결 알아보기 쉬운 글이 될 것이다. 지금까지 독자의 시점에 서는 것의 중요성을 이야기했다. 가지치기를 통해 스스로 당신의 글의 독자가 되어 무엇을 말하고 싶은지 찾아보자. 분명 거기에서 글쓸 때는 몰랐던 점들을 발견할 것이다.

각 문장의 역할을 확인하면
필요 없는 문장을 쉽게 찾을 수 있다

● 쓸모없는 곁가지도 조금만 궁리하면 다시 쓸 수 있다

가지치기의 다음은 대체하기다. 가지치기를 통해 '이 문장은 필요 없다'거나 '이 문장은 다듬어야 한다'는 부분은 찾아냈을 테니, 이번에는 그 문장들을 어떻게 재사용할지 설명하려 한다. 재사용할 수 있지만, 그냥 지워버리는 것도 가능하다. 잘라내면 글이 짧아질 테니 더좋을 수도 있다. 하지만 이미 쓴 문장이 버리기 아까운 경우도 많다. 나 역시 돌이켜보면, 꽤 괜찮은 문장인데 글 속에서 맡길 역할이 없어서 안타깝다고 생각한 적이 많다. 지금은 연결되지 않더라도 고쳐 쓰면 좋은 문장이 될 것들도 사실 많다. 위의 예문으로 말하자면, '엄격하게 지도하지 않는 편이 좋다'는 주장에서 '요즘은 엄한 지도가 대세'라는 정보는 그렇게 동떨어진 문장은 아니다. 무언가 역할을 맡겨도 괜찮을 것 같다.

대체하기는 줄기와 이어지는 형태로 다시 만드는 것

여기서 등장하는 단계가 대체하기다. 불필요한 문장을 재사용해서 줄기와 연결된 '쓸 만한 문장'으로 바꾸는 것이다. 줄기에 연결하는 작업은 실제로 국어 문제를 푸는 철칙 중 하나다. 많은 도쿄대생이 이 기술을 실천하고 있다. 실제로 도쿄대의 현대국어 문제는 두 가지 패턴 밖에 없다고 한다.

하나는 '밑줄 그은 문장을 읽고, 이것이 무엇인지 설명하라'는 식의 설명을 요구하는 문제다. 대다수의 도쿄대생은 이 밑줄을 그저 바꿔서 쓴다. 예를 들어 'OO는 △△이니까 ××이다'라고 쓰여 있다면, 'OO는/ △△이니까/ ××이다'라고 세 부분으로 나누고 문장 중에서 'OO' '△△' '××'를 지칭하는 것을 찾아서 바꾸어 쓴다. 밑줄 그은 문장은 대개 줄기와 직결되는 내용이 많기 때문에, 가지와 잎으로 쓰인 밑줄을 줄기로 바꿔 말하는 식이다. 또 다른 패턴은 '밑줄 그은 문장은 왜 일어났는지 설명하시오'라고 이유를 묻는 문제다. 이 문제를 풀 때 도쿄대생들은 'OO이므로 밑줄이 일어났다'라고 문장을 연결할 만한 OO을 글 속에서 찾는다. 이때는 밑줄이 줄기이고, OO이 가지인 경우가 많다. 그래서 줄기와 연결된 가지를 찾으면 자연스럽게 문제가 풀린다.

이처럼 문장과 문장의 관련성은 말 바꾸기나 이유(인과)가 주를 이룬다. 동격형과 인과형이다. 그리고 이 방법을 응용하면 누구나 간단하게 대체할 수 있다.

 Point 41 **대체하기란 필요 없는 곁가지를 줄기와 연결하는 것이다**

● 대체하는 법

대체하기의 구체적인 단계는 다음과 같다.

① 가지치기에서 찾은, 필요 없는 문장과 주장 만들기에서 만든 주
  장 메모를 준비한다.
② 아래의 설명에 따라 ①을 두 가지 방법으로 연결해 문장을 완성
  한다.
③ 필요 없는 문장을 대체 문장으로 바꾼다.
④ 그 문장을 적당한 위치에 넣는다.

②의 두 가지 방법은 동격화와 인과화다.

동격화

필요 없는 문장과 주장을 같은 내용으로 연결해본다. '즉'이나 '다
시 말해' 등의 접속사를 추천한다.

필요 없는 문장: 그는 A군을 닮았다.
주장: 그는 멋있다.

그냥 보면 두 문장은 연결되지 않는다. '그가 A군을 닮아서 멋지다'
라면, STEP2에서 소개했듯이 연결고리가 느슨하다.
누 문장을 '즉'이라는 접속사로 연결되도록 '그는 A군을 닮았다'를
바꿔보겠다.

그는 학교에서 가장 잘생긴 A군을 닮았다. (다시 말해) 그는 멋있다.

이렇게 쓰면 연결이 된다. '그는 학교에서 가장 멋있다'가 대체문장
이다.

인과화

필요 없는 문장을 원인으로, 주장이 되는 문장을 결과로 엮어본다.
'그러니까'나 '그러므로' 등의 접속사를 추천한다.

필요 없는 문장: 오늘은 맑다.
주장: 나는 기분이 좋지 않다.

이 두 문장을 연결하면 어떨까? '그러니까'나 '그러므로'를 사용해
서 두 문장을 엮어보려 한다.

오늘은 쨍하게 맑아서 더위를 먹을 정도로 덥다.
(그러므로) 나는 기분이 좋지 않다.

이렇게 쓰면 자연스럽다. 여기서는 '오늘은 쨍하게 맑아서 더위를
먹을 정도로 덥다'가 대체문장이다. 주장은 줄기다. 줄기를 굵게 키워
나무로 만드는 작업이 글쓰기다. 그렇다면 '대체하기'는 '줄기와 이어
지는 문장'을 만드는 작업이다. 글의 가지치기를 해본 사람이라면 알겠
지만, 필요 없는 문장은 그 글을 통해 주장하고 싶은 내용과 이어지지

않은 문장인 경우가 많다. 주장과 이어지지 않는 문장이기 때문에 의미 없어 보이는 것이다.

하지만 대체하기를 통해 필요 없는 문장을 주장과 이어지는 문장으로 다시 만듦으로써, 글쓴이의 의도가 전달되는 글을 완성할 수 있다.

 Point 42 동격화와 인과화를 통해, 필요없는 문장을 주장과 연결시켜 다시 활용할 수 있다

Part _____ **2**

상황에 맞는
글쓰기
- 1%의 글쓰기 실전편 -

CASE 0
글쓰기가 까다로운 이유,
실수했다는 감각이 없어서

PART1에서 공부 잘하는 1%의 글쓰기를 소개했다.

'결론 쓰기'에서 자신의 주장과 목적을 만들고 '목차 만들기'에서 주장을 어떻게 전달할지 생각한 다음 '1인 토론'으로 그 주장에 양보와 임팩트 만들기 단계를 거친다. '질문의 덫 놓기'로 상대를 글 속으로 끌어들이고, '가지치기'로 필요 없는 정보를 지우면서 중요한 정보와 주장을 엮어 글을 완성한다. 이렇게 해서 이해하기 쉽고 쌍방향적인 글을 쓴다는 사실을 파악했으리라 생각한다. 물론, 이해는 했지만, 구체적으로 어떻게 해야 할지 모르겠다고 생각하는 사람도 많을 것이다. 아무리 방법을 알아도, 실제로 해보지 않으면 모르는 법.

자전거를 탈 줄 아는가? 이제는 잘 타지만, 내가 처음부터 자전거를 잘 탔던 것은 아니다. 부모님이 가르쳐주는 대로 따라했지만, 처음에는 좀처럼 균형을 잡지 못하고 여러 차례 넘어졌다. 내가 어떻게 자전거를 탈 수 있었는지 되돌아보면, 가르침대로 실천하고 실수를 통해 배웠기 때문이다. '페달을 바로바로 밟지 않으면 넘어진다', 혹은 '서서 출발하는 편이 훨씬 쉽다'와 같이 넘어지면서 배운 것들을 분석하고, 실천했기 때문에 자전거를 잘 타게 된 것이다. 글쓰기도 마찬가지다. 써보고 실수하고 거기서 이유를 분석하면서 점점 매끄럽고 논리적인 글을 쓰게 된다.

그런데 글쓰기가 자전거보다 까다로운 점은 자기가 쓴 글의 '부족한 면'을 알아보기 어렵다는 데 있다. 겉보기에 정돈되고 어느 정도 보기 좋으면 잘 쓴 글이라고 생각해버린다. 자전거와 달리 실제로 '넘어졌다'는 감각이 없는 탓이다. PART2에서는 여러 가지 글에 '1%의 글쓰기'의 방식을 실제로 적용해본다. 메일이나 회의록, 제안서, 사과문 등 다양한 글을 통해 '1%의 글쓰기' 방법을 소개하려 한다. 내가 직접 썼던 글도 잘못된 예로 공유할 것이다. 왜 이 글이 실패한 글인지, 어떻게 고치면 좋을지, 알아볼 것이다.

나쁜 예와 좋은 예를 비교하며 살펴보기 바란다. 어쩌면 나쁜 예에 여러분이 지금 무의식적으로 저지르는 실수가 있을지도 모른다. 이 점에 신경 쓰면서 글을 써보자. 어떻게 하면 '1%의 글쓰기' 방법을 잘 활용할 수 있을까? 구체적으로는 어떤 글이 잘 전달되고, 어떤 글이 전달되지 않을까?

당신이 직접 글을 쓴다는 생각으로 확인해보길 바란다.

메일 · 채팅
– 짧게 핵심만

● **메일이나 채팅은 짧게 핵심만 보내는 것이 중요**

아래의 글은 '지인에게 친구를 소개하고 싶다'는 마음으로 내가 썼던 '나쁜 예'의 글이다. 메일이나 메신저는 내용이 길면 읽을 마음이 점점 사라져버리는 매체다. 이러한 매체를 통해 지인이 아래와 같이 연락해온다면 어떤 생각이 들까?

✗ 나쁜 예　　오랜만이에요. 잘 지내세요?

미나미 아오야마 모임 이후 처음 연락을 드리네요.

오늘 연락을 드린 이유는, 저랑 같은 수업 듣는 후배 중에 ○○가 교육 분야에서 일하고 싶어 하고 나중에 교육 격차를 줄이는 일을 하고 싶다고 하길래, ×× 씨께 소개해주려고 연락했습니다. 후배와 얘기하다 보니 ××씨의 얼굴이 떠올랐고, 그 사실을 후배에게 말하니 꼭 이야기를 들어보고 싶어 하네요. 언제 한번 시간을 내주실 수 있을까요?

교육 현장에서 일하고 싶은 학생은 많아도, 우리 사회의 교육 격차를 느끼고 그것을 바꾸려는 뜻을 품은 학생은 적지요. 게다가 그런 업무 자체도 적다 보니, ××씨의 이야기를 꼭 들어보라고 권했습니다.

혹시 괜찮으시다면, 11월 10일에 뵐 수 있을까요?

잘 부탁드립니다.

어떤 생각이 드는가? 이 메일의 어디가 잘못되었는지 보이는가? 우선 후배가 어떤 사람인지 알 수 없다. 이 글만 봐서는 '교육 격차 문제에 관심이 있는 후배'라는 것 말고는 다른 어떤 정보도 파악할 수 없다. 또 '왜 ××씨가 적임자라고 생각했는지'가 없으며 '그런 업무가 적다' → '××씨를 만나보면 좋다'라는 문장 사이에는 논리 비약이 보인다. 이렇게 쓰면 내용이 잘 전달되지 않는다. 다시 말해 이 메일은 읽는 사람을 의식하고 있지 않다. 후배가 어떤 사람인지, ××씨를 어떤 사람이라고 생각하는지는 글쓴이만 아는 정보다. 읽는 사람으로서는 알 수 없는 정보다. 이 부분을 제대로 밝혀야 독자가 파악할 수 있다는 뜻이다. 다음 좋은 예를 읽은 후 어떻게 써야 하는지 소개하겠다.

오랜만이에요! 잘 지냈나요?

미나미 아오야마 모임 이후 처음 연락을 드리네요.

오늘은 제 후배를 ××씨께 소개하고 싶어 연락했습니다.

실은 일전에 ○○라는 후배가 제게 ××씨의 전문 분야인 '교육 격차를 줄이는 일'에 종사하고 싶다며 상담을 요청했습니다. 아시다시피 현재 이 분야의 상황이나, 이 분야의 업무를 잘 아는 사람이 드물고 물어볼 기회도 거의 없지요. 아는 사람 중에 이 분야에 밝은 사람이 없는지 생각하다 보니 가장 먼저 떠오른 이름이 ××씨였습니다.

여러 가지로 바쁘시겠지만, ○○라는 후배는 아주 의욕적이고, 열심인 학생이라 ××씨가 만나봐도 괜찮을 것이라 생각합니다. 제가 볼 때는 이런 학생이 ××씨처럼 멋진 어른을 만나 진로 선택에 도움을 받을 수 있다면 정말 좋을 것 같아요. 혹시 괜찮으시다면, 11월 10일에 시간을 내어 주실 수 있을까요?

부탁드립니다.

● 짧게 핵심만 전하는 법

'나쁜 예'나 '좋은 예' 둘 다 비슷한 사실을 전한다. 글자수도 거의 비슷하고고, 쓰는 데 걸린 시간도 비슷하다. 그렇지만 좋은 예의 메시지를 받은 사람은 '그렇구나, 한번 만나볼까' 하는 마음이 생길 것 같다.

어느 부분이 달라서일까? 여기에는 두 가지 포인트가 있다. 좋은 예에는 '상대를 향한 미지의 정보'가 담기지 않았다. 짧게 요점만 전하는 메일이니까, 어려운 용어나 상대가 모르는 정보를 '굳이 설명하지 않아도 된다'고 생각하기 쉽다. 하지만 받는 사람 입장에서는 모르는 정보가 포함되어 있으면, 메일을 읽으면서 뭔가 어렵고 답답하게 느껴질 것이다. 우선 이 부분을 수정하자. 상대가 모르는 정보를 설명하기 귀찮다면, 그 정보는 굳이 넣지 않아도 된다. '가지치기'를 통해 가차 없이 잘라낼 수도 있다.

다른 하나는 '주장이 튼튼하다'는 점이다. 'ㅇㅇ라는 후배를 만나주면 좋겠다'는 메시지가 줄곧 일관된다. 사실 이렇다 저렇다 길게 설명했지만, 'ㅇㅇ라는 후배를 만나주면 좋겠다'는 메시지만 잘 전달되면 충분하다. 그런데도 여러 가지 문장을 붙인 이유는 자신의 주장을 강화해서 상대를 설득하기 위해서다. 단지 그뿐이다.

그래서 주장이 글 속에 묻히지 않도록 노력해야 한다. 상대에게 잘 전달되는 글은 주장을 확실히 밝히고 있다. 그럼 구체적으로 '1%의 글쓰기'의 작문법을 어떻게 적용했는지 살펴보자.

결론 만들기

주장 만들기: ㅇㅇ라는 후배를 만나주면 좋겠다.

목적 만들기: 【요청형】→'공감'이 수단, '변화'가 목적

감정에 호소해서 상대의 구체적인 행동을 끌어내는 것이 목적

공감: ㅇㅇ라는 후배를 소개하고 싶다.

변화: ××가 ○○라는 후배를 만난다.

메시지를 복잡하게 논리적으로 설명하지 않아도 된다.

목차 만들기

경로 고르기: 동격형이므로 '내 후배를 ×× 씨에게 소개하고 싶다' 는 주장을 앞뒤로 반복한다.

1인 토론

트집 잡기: 상대가 바쁠텐데 그런 시간을 내줄까?

양보하기·임팩트 만들기: 그래도 ○○라는 후배는 아주 의욕적이고 열심인 학생이니 ×× 씨가 만나볼 가치가 있는 사람이다.

질문의 덫 놓기

제가 볼 때는 이런 학생이 ×× 씨처럼 멋진 어른을 만나 진로 선택에 도움을 받을 수 있다면 좋을 것 같다.

위치 잡기: 윗사람에게 부탁하는 글이므로, 위치는 '아래'다. '여러 가지 일로 바쁘시겠지만'이라고 한마디를 넣은 다음, '제가 볼 때'라고 주어로 나를 낮추면서 조심스레 요청하는 것이 좋다.

가지치기

나쁜 예에서 '얘기하다 보니 ××씨의 얼굴이 떠올라 후배에게 말하

니 꼭 이야기를 들어보고 싶어하네요.' 이 문장은 주장과 이어지지도
않고, 상대는 알 수 없는 정보이므로 잘라내는 것이 좋다.

회의록·보고서·리포트
– 알기 쉬운 설명의 기술

● 보고서는 상대를 의식하는 것부터

다음은 보고서다. 무언가를 설명하고, 상대에게 어떤 일을 전하기 위해서 쓰는 글이다. PART1에서도 여러 번 설명했듯이 보고서와 같은 글은 상대를 의식하며 써야 한다. 아주 단순한 원리지만 상당히 힘든 작업이다. 이 부분을 이해하지 못하면 다음과 같은 글을 쓰게 된다.

✖ 나쁜 예 **3월 27일 행사 보고서**

독서능력 향상에 일가견이 있는 ○○교수의 강연회에 감.

- 독서를 하면 사회성이 향상된다.
- 타인의 체험이나 가치관을 추체험하는 것이 독서다.
- 독서는 가치관을 풍부하게 한다.

- 모르는 것은 넘어가도 좋다.
- 독자에게 요구되는 것은 자신의 의견을 가지는 것이다.
- 표지를 읽지 않고 책을 읽는 것은 바람직하지 않다.

　위의 예시는 말 그대로 보고다. 일방적으로 '이런 일이 있었다'고 전할 뿐이다. 이 글만 읽어서는 뭐가 뭔지 알 수 없다. 예를 들어 마지막에 '표지를 읽지 않고 책을 읽는 것은 바람직하지 않다'라고 썼지만, 이것만으로는 독자가 '어떻게 하라는 것인가'하고 어리둥절해진다. 읽는 사람을 의식하지 않고 보고서를 작성하면, 아무것도 얻을 수 없는 무의미한 보고서가 만들어진다.

◉ 좋은 예　　행사 보고서

　3월 27일 강연회에서 ○○ 교수는 독서능력을 향상시키는 법에 관해 도움이 되는 정보를 공유했다.

● **독서란, 사회성을 높이는 행위다.**
- 책을 올바르게 읽으면 실제로 '국어 능력'이 좋아진다.
  - → 국어 능력은 책을 읽는 능력일 뿐만 아니라 커뮤니케이션 능력과 문장력까지도 포함된 개념이다.
- 독서는 가치관을 풍부하게 만드는 활동이다.
  - → 타인의 체험이나 가치관을 추체험하는 것이 독서다.
  - → 타인에 대한 상상력이 습관으로 자리 잡히면 가치관이 넓어진다.

- 기억에 남고, 사회성도 좋아지는 독서란, 저자를 상상하면서 읽는 것이다.

- 표지를 미리 읽어본다.
    - → 사람들은 의외로 표지를 제대로 읽지 않는다. 슬쩍 보고 지나쳐 중요한 정보를 놓치는 경우가 많다.
    - → 표지에 적힌 내용을 보는 것만으로 저자를 이해하는 데 많은 도움이 된다.
- 저자를 알다 = 저자의 가치관을 이해하다.
- 눈앞에 저자가 있다고 생각하고, 질문을 던질 마음으로 읽는다.
    - → 독서를 저자와의 대화라고 생각하면, 커뮤니케이션 능력도 높이기 쉽다.
    - → 항상 자신의 의견을 가지고 저자를 대함으로써, 저자의 가치관과 만날 수 있다.
- 모르겠으면 넘어가도 좋다.
    - → 저자와 가치관이 맞지 않는 경우도 있으니까.

- **총평**

실제로 '표지 읽기'나 '눈앞에 저자가 있다고 생각하고 읽는다', '모르는 부분은 넘어가도 된다'를 따라해보니, 책의 내용이 확실히 쉽게 머릿속에 들어오는 것을 느낄 수 있었다. 이것으로 사회성이 좋아질지는 모르겠지만, 계속하다 보면 그럴 가능성도 있지 않을까 싶다.

● 알기 쉽게 설명하는 사고법

상대가 알기 쉬운 글을 쓰려면 형식과 논리가 제대로 갖춰진 글을 써야 한다. 형식과 논리가 탄탄하면 어떤 글도 전달하기 쉬워진다. 예를 들어 '목차 만들기'에서 나온 논리를 생각하면 나쁜 예에 포함된 문장 '독서를 하면 사회성이 향상된다'는 말은 비약임을 알 수 있다. 나쁜 예를 보면, 애초에 전하고 싶은 주장이 보이지 않아서 결국 독자에게 아무것도 전달되지 않는다. 다시 쓴 예를 보면 논리가 통하고, 상대가 글을 이해하기 쉬워졌다. 회의록은 두 가지 패턴이 있다. 공유형으로 쓰거나, 요청형으로 쓰거나다. 다시 정리하자면, '인정'이 수단이고 '이해'가 목적인 것이 공유형이고, '공감'이 수단이고 '변화'가 목적인 것이 요청형이다.

상대에게 논리적으로 호소해서 상대가 이해하도록 만드는 공유형으로 쓰거나 상대에게 감정적으로 호소해 상대의 변화를 이끄는 요청형으로 써야 한다. '강연회에서 배운 방법으로 나도 얻은 것이 많다'고 전하고 싶을 때는 공유형을 쓰고, '강연회에서 배운 독서법을 모두가 실천했으면 좋겠다'는 걸 전달하려면 요청형을 쓰면 된다. 위의 좋은 예는 공유형으로 작성되었다.

결론 쓰기

주장 만들기: '○○ 교수의 독서법이 아주 좋았다'를 주장으로 결정
목적 만들기: 【공유형】→ '인정'이 수단이고 '이해'가 목적

논리적으로 주장해서 상대에게 이해받는 것이 목적이다.

인정: ○○ 교수의 독서법은 효과가 있다.

이해: ○○ 교수의 독서법이 아주 좋았다.

'확실히 내가 ○○ 교수의 독서 기술을 익히고 성장했다'는 점을 상대에게 강조하는 방법도 있다. 이 부분은 취향에 따라 정하면 된다.

목차 만들기

경로 고르기: 동격형으로 '○○ 교수의 독서 기술이 아주 좋았다'는 점을 주장으로 되풀이한다.

1인 토론

트집 잡기: 책 표지는 당연히 읽는다.

양보하기·임팩트 만들기: 생각보다 제대로 읽지 않을 때가 많다. 슬쩍 보고 정보를 흘려보낼 뿐, 표지 내용을 찬찬히 살펴보지 않는다.

질문의 덫 놓기

표지 읽기, 눈앞에 저자가 있다고 생각하고 읽기, 모르는 부분은 넘어가기를 실제로 따라해보니까, 책의 내용이 잘 들어온다.

위치 잡기: 보고서는 '옆'의 위치에서 쓸 때가 많다. 따라서 '나'를 주어로 두고 솔직하게 말하면 된다.

기획서·제안서
– 설득력을 높이는 기술

● 말투 하나에 달라지는 설득력

　기획서나 제안서는 설득력을 갖추고 상대방에게 설명하는 글이다. 설득력 있는 글을 쓰고 싶을 때는 주로 내용을 충실하게 쓰려고 한다. 더 좋은 제안을 해야만 설득할 수 있다는 생각으로 말이다. 그러나 말투만 바꿔도 충분히 설득력을 갖출 수 있다. 우선은 설득력 없는 글을 먼저 보자.

✖ 나쁜 예　　**사업 아이디어 콘테스트 기획안**

　• 개요

　　○○지역에서 사업 아이디어 콘테스트를 실시한다.

- **기획 배경**

  ○○지역은 청년 수가 적고, 고령인구의 비율이 40%를 넘으며 3년 뒤에는 50%를 넘을 정도로 고령화 속도가 매우 빠른 곳이다.

- **기획 내용**

  도시에서 젊은이들을 불러와 2박 3일간 사업 아이디어 콘테스트를 연다. 젊은이들이 이 지역에서 어떤 사업이 가능할지 구상한 뒤, 마지막 날에 발표한다.

- **기획의 목적**

  ○○지역에는 젊은이가 부족하고, 고령자는 늘어가고 있다. 따라서 사업 아이디어 콘테스트를 개최해 도시에서 젊은이들을 끌어들이고, 그들이 아이디어를 내면 좋을 것이다. 그동안 새로운 일에 도전하는 분위기가 아니라서 신선한 아이디어가 나오지 않았다. 다른 지역에서 젊은 사람들이 오면, 지금까지 없었던 새로운 아이디어가 나올지도 모른다.

어딘가 설득력이 없어 보이지 않는가? 현재 지역 상황을 분석하고 기획의 목적도 나열하고 있지만, 왠지 모르게 설득력은 떨어진다. 이 기획서를 그대로 제출하면 서류심사에서 탈락할 가능성이 크다.

대체 어떤 점이 부족한 것일까? 문제는 단어와 단어가 이어지지 않는다는 점이다. 예를 들어서 '고령화가 진행되고 있다. 그래서 사업 구

상대회가 필요하다'는 흐름은 적절하지 않다. 배경과 내용 사이에 연결고리가 보이지 않는다. 둘 사이에 무언가 빠졌고, 논리가 통하지 않는다. 논리적인 비약이 있어서는 목적을 파악하기 어렵다. 지역에 젊은 사람들이 오는 것이 왜 좋은지, 새로운 아이디어를 창출하는 것이 어떤 의미인지 가늠하기가 어렵다. 그래서 설득력이 떨어지는 것이다.

그렇다면 새로 작성한 제안서를 보자.

◉ 좋은 예 　**사업 아이디어 콘테스트 제안서**

- **개요**

  ○○지역에서 사업 아이디어 콘테스트를 개최

- **기획 배경**

  ○○지역은 청년층 비중이 적고, 고령화율도 높다. 젊은 이가 적은 지역이기 때문에, 신선한 아이디어가 나오기 어렵다. 또 생각이나 사고방식이 막혀 있어 신선함이 떨어진다.

- **기획 내용**

  사업 아이디어 콘테스트를 실시해서 도시로부터 이 지역으로 젊은이들을 불러온다. 이 지역에서 시도하기 적절한 사업 아이디어를 경연 형식으로 발표해, 젊은이들의 신선한 아이디어를 도입하는 계기로 삼는다.

- **기획의 목적**

  청년 수가 적은 이 지역에 젊은이들을 불러모으면, 이 지역에 활기가 생길 것이다. 지금까지 이 지역의 주민만으로는 생각하기 힘들었던 신선하고 젊은 아이디어를 도입할 수 있다. 젊은이들의 아이디어이기 때문에, 완벽한 구상은 아닐 수도 있다. 하지만 현재 이 지역에 요구되는 것은 이 지역 사람들이 떠올리지 못했던 혁신적인 발상이다. 오해를 무릅쓰고 말하지만, 나를 포함해서 이 지역의 주민들은 지금까지의 경험이나 상식에만 국한된 기획을 꾸려온 경향이 있다. 지금 우리에게 필요한 것은 타지에서 온, 그래서 지금까지 생각하지 못했던 신선한 사고방식이 아닐까? 새로운 아이디어가 반드시 지역 주민들에게도 긍정적인 영향을 주리라 생각한다.

  위와 같은 이유로, 이 지역에서 사업 아이디어 콘테스트를 열어 젊은 사람들의 신선한 아이디어를 도입할 것을 제안한다.

● 설득력이 높아지는 글쓰기 사고법

기획서나 제안서에 포함되는 내용은 내용에 따라 달라지지만, 여기에 나온 대로 배경(현상)과 내용, 이유(목적) 등이 들어가는 경우가 많다. 여기서는 각 요소가 유기적으로 잘 연결된다는 점이 중요하다.

'이와 같은 배경 때문에 이 기획이 필요하다', 혹은 '이러한 이점이 있으므로 현재의 문제를 해소할 수 있다'고 논리를 쌓아가기 때문에 매력적인 기획으로 보이고 설득력도 커진다. STEP3에서 '반전을 통해 설득력이 태어난다'고 했으나, 이 기획이 얼마나 좋은 기획인지 강조한다고 해도 반전은 생기지 않는다. 어떤 기획이든 실제로 해보면 조금이라도 긍정적인 부분이 나오기 때문이다. 0에서 플러스로 바뀌는 공식은 반전이 아니다. 설득력을 갖추기 위해서는 마이너스가 플러스로 바뀌는 공식을 만들어야 한다. '현재 이러한 마이너스가 있지 않습니까? 그래서 이 마이너스를 플러스로 바꿀 겁니다'라고 설명하는 데서 설득력이 생겨나는 것이다. 그러므로 배경, 내용, 이유까지 모든 것이 논리적으로 이어지는 기획서를 써야 한다.

결론 쓰기

주장 만들기: '○○ 지역에서 사업 아이디어 콘테스트를 열어야 한다'를 주장한다.

목적 만들기: 【주의형】 → '인정'이 수단이고 '변화'가 목적

논리적으로 호소해 상대의 구체적인 변화를 이끌어내는 것이 목적

인정: ○○ 지역은 신선한 아이디어가 나오기 어렵다.

변화: ○○ 지역에서 사업 아이디어 콘테스트를 열어 신선한 아이디어를 지역 도입하는 계기로 삼겠다.

목차 만들기

경로 고르기: 동격형으로 '○○지역에서 사업 아이디어 콘테스트를 열어야 한다'는 주장을 반복한다.

1인 토론

트집 잡기: 다른 곳에서 온 젊은이의 아이디어가 훌륭하다고 단정하기 어렵다.

양보하기·임팩트 만들기: 젊은이가 낸 아이디어인 만큼, 완벽한 구상은 아닐 수도 있다. 하지만 현재 이 지역에서 필요한 것은 이 지역 사람들이 떠올리지 못했던 혁신적인 발상이다.

질문의 덫 놓기

오해를 무릅쓰고 말하지만, 나를 포함해서 이 지역의 주민들은 지금까지의 경험이나 상식에만 국한된 기획을 꾸려온 경향이 있다.

위치 잡기: 기획·제안하는 사람은 그것을 들어주는 사람보다 '아래'의 위치에 있기 때문에 처음에 '오해를 무릅쓰고 말하지만'이라고 한마디로 단언한 다음, '나는 이렇게 생각한다'나 '내 주장에는 이런 부분이 있다'고 인정하면, 상대가 글을 편하게 받아들일 수 있다.

SNS · 블로그 · 메모
– 공감 받는 기술

CASE 4

◉ SNS나 블로그에서는 무엇보다 공감이 중요

이미 알고 있겠지만, SNS나 블로그 글에서는 무엇보다 중요한 것이 공감이다. 사람들은 '그렇구나, 듣고 보니 그러네. 나도 그래'라는 식으로 상대의 공감을 끌어올 수 있는 글에 적극적으로 반응한다. 공감을 소홀히 여긴 글은 아무리 매력적인 정보라고 해도 타인에게 쉽게 와닿지 않는다. 다음 글은 공감이 부족한 글이다.

✖ 나쁜 예   청년의 미래를 생각하는 이벤트를 11월 10일, ○○에서 개최하니 꼭 오세요!
자신의 장래를 생각하는 좋은 계기가 되었으면 하는 마음으로 이벤트를 운영합니다. 즐거운 시간이 되길 바라는 마음으로 한 달 전부터 준비했습니다. 100명 정도의 참석자를 모을 생각이며, 5인 1조로 20그룹의 워크샵을 진행하려 합니다. 그룹워크에서는 30분 정도 참가자끼리 이야기하는 시간도 만들 예정입니다. 또 교육 분야에서 활약하는 ×× 선생님도 오십니다!

아래 신청서를 작성해서 응모해주세요.

과연 위 글을 보고 이벤트에 참가하고 싶다는 생각이 들까? 나라면 신청서를 작성하지는 않을 듯하다. 여러 가지 정보가 있지만, 그저 행사 정보를 늘어놓는 것으로밖에 보이지 않는다. '꼭 가보고 싶다'는 마음이 생기지 않는다. 트위터나 페이스북에 이런 초대 글을 남기면 그냥 넘기는 사람이 많을 것이다.

이 글이 놓친 것은 공감이다. 독자가 '그렇구나, 이 행사는 재밌겠다. 이 이벤트는 꼭 가보고 싶다'고 느껴질 만한 포인트가 적다. 공감은 '상대가 꽂히는 포인트'라고 바꿔 말할 수 있다. 모두가 인정할 수 있는 포인트다. 이 점을 놓치면 아무리 좋은 이벤트를 기획해도 사람들을 모으기 힘들 것이다.

좋은 예 '나는 앞으로 어떤 직업을 가져야 할까? 어떤 선택을 하면 좋을까?' 이런 고민을 하는 사람이 많을 것입니다. 앞으로의 이야기를 나눌 장소, 장래에 대해 고민을 나눌 기회가 좀처럼 없지요. 이런 고민을 한순간에 해소할 이번 이벤트는, 자신의 장래를 생각해볼 좋은 계기가 될 것입니다. 다가올 미래에 대해서 동료와 이야기해보는 시간을 공유하면 어떨까요?

'나는 아직도 장래에 대해 아무것도 정하지 못했는데, 그래도 참가할 수 있을까?' 생각하는 분이 있을지도 모르겠지만 괜찮습니다! 오랫동안 교육 분야에서 활약해온 ××선생님이 아무것도 정하지 못한 사람도 자신의 장래를 결정하는 방법을 가르쳐줄 테니까요.

그룹워크에서는 여러 사람과 이야기를 나누는 시간도 예정되어 있습니다. 미래에 대한 고민을 안고 있는 사람들끼리 이야기하다 보면 해답을 찾을 수 있을지도 모릅니다.

개최일: 11월 10일
장소: ○○
응모방법: 아래 신청서에 작성해주세요.

저도 1년 전에 참여해서 큰 자극을 받았던 이벤트입니다. 앞으로 어떻게 살면 좋을지 고민하는 사람이라면 꼭 참가해주세요!

◉ 공감 받는 글쓰기 사고법

공감을 만드는 방법은 두 가지가 있다. 하나는 질문이다. 위의 글에서는 '나는 앞으로 어떤 직업을 가져야 할까? 어떤 선택을 하면 좋을까?'가 질문에 해당한다. 커뮤니케이션은 질문으로 완성된다는 말이 있듯이, 공감이란 그야말로 대화 속에서 태어나는 것이다. '이런 일이 있네?'라든지, '이거 마음에 드는데 나만 그런가?'라는 글이 트위터에서 주기적으로 리트윗되는 이유는 그 안에서 커뮤니케이션이 일어나기 때문이다. 사람은 대답할 수 있는 질문에 쉽게 공감한다. 다음 방법은 위치 잡기에서 나오는 '대등'이라는 조건이다. 즉, 자신이 주어인 글을 말한다. 위의 글에서는 '저도 1년 전에 참여해보고 큰 자극을 받은 이벤트입니다. 앞으로 어떻게 살면 좋을지 고민하는 사람은 꼭 참가해 주세요!'에 해당한다.

사람은 대등하지 않으면 공감할 수 없다. 서로 대등해야 공감할 수 있고, 대등한 입장이기 때문에 공감하기 쉬워진다. 그러므로 '내가 주어인 글'을 써야 한다. 이것이 공감을 불러오는 기술이다.

결론 쓰기

주장 만들기: '청년의 미래를 고민해보는 이벤트에 오세요!'라고 주장한다.

목적 만들기: 【요청형】을 선택한다. '공감'이 수단이고, '변화'가 목적

공감: 이 이벤트는 정말 좋은 이벤트

변화: 장래에 대해 고민하는 사람이 이벤트에 오길 바란다.

목차 만들기

경로 고르기: 인과형으로 '이러한 고민이 있지요?'로 시작해서 '(그러니까) 청년의 미래를 고민해보는 이벤트에 오길 바란다'로 연결된다.

1인 토론

트집 잡기: 장래에 대해 아무것도 정하지 못한 내가 참가해도 괜찮을까?

양보하기·임팩트 주기: 아무것도 정하지 못한 사람이라도, 자신의 장래를 결정하는 방법을 가르쳐준다.

질문의 덫 놓기

질문 만들기: 이런 내가 참가해도 괜찮을까?

위치 잡기: 공지글은 주최자나 운영자가 참가자를 모집하는 형식이므로 '위'의 위치에 해당하는 경우가 많다. 하지만 '저도 1년 전에 참여해보고 큰 자극을 받은 이벤트입니다'라고 참가자와 같은 입장의 문구를 넣어서 '옆'의 위치를 점한다.

가지치기

대체하기: 나쁜 예의 '5인 1조가 되어 20그룹의 그룹워크'는 필요

없는 문장이다. 이것은 '그룹워크에서 여러 사람과 이야기를 나누는 시간도 갖고, 미래에 대한 고민을 안고 있는 사람들끼리 이야기하면 장래에 대한 해답을 찾는 기회가 될 것이다'로 바꾸는 것이 훨씬 매끄럽다.

사과문
CASE 5 – 모든 것을 담는 힘

● **사과문은 궁극의 글쓰기**

'쌍방향성'이 가장 많이 요구되는 글이 사과문이다. 단순히 반성하고 있다고 쓰는 것만으로는 사과가 전달되지 않는다. 상대에게 '아, 이 사람은 진심으로 미안하게 생각하고 있구나'라고 전해지지 않으면 사과문이라 할 수 없다.

나는 남보다 세 배는 많이 사과를 해봤다. 부모님께 사과하고, 학교 선생님께 사과하고, 친구에게 사과하고, 교수님께 사과하고, 이 책을 쓸 때도 편집자에게 마감을 넘겨 사과하고, 어쨌든 나는 상대방에게 사과하는 데 이골이 난 사람이다. 그런데도 얼마 전에 내가 보낸 사과의 글을 보고 상대방이 화를 낸 적이 있다. 다음과 같은 글이었다.

이번에 지각한 점, 대단히 죄송합니다. 제가 지각하는 바람에 회의 일정을 변경한 일도 정말 죄송합니다. 요즘 잠이 부족한 데다, 어제는 늦게까지 다른 일을 하느라 늦어버렸습니다. 앞으로는 일이 너무 많이 밀리지 않도록 주의해서 다시는 지각하지 않겠습니다. 정말 죄송합니다.

어쨌거나 사과를 반복하면서 그 속에 내가 왜 지각했는지 이유를 집어넣어서 글을 쓰고 있다. 이래서는 '말로만 사과할 뿐이지, 속으로는 잘못한 것이 없다고 생각할 것'이라고 느껴지면서 더 화가 날 수도 있다. 그럼 어떻게 써야 할까? 사과의 목적을 확실히 의식하면서 글을 쓰는 것이 좋다.

제가 지각하는 바람에 많은 사람께 폐를 끼친 점, 깊이 반성하고 있습니다. 저는 일을 너무 모아두는 경향이 있어 전날 새벽 2시까지 다른 일을 했습니다. 이와 같은 상황을 보고하지 않은 채 끌어안고 있었던 제 책임입니다. 앞으로는 밤늦게까지 일하지 않고, 일의 부담이 클 때는 바로 보고드리겠습니다. 물론 그뿐만이 아니라 사회인으로서의 자각을 갖고, 앞으로 이러한 일이 절대 없도록 마음을 고쳐먹고 일하겠습니다.
거듭해서 죄송하다는 말씀 드립니다.

● 쌍방향성을 최대한 담는 사고법

사과문을 쓸 때 가장 유효한 방식은 1인 토론이다. 나 자신의 잘못을 트집 잡아보는 것이다. '죄송하다는 마음이 있다'면, 그 논거가 무엇일까? 그렇게 스스로 트집을 잡은 다음, 그 대답에 어떻게 이런 일이 벌어졌는지 돌아보고, 앞으로 같은 일을 반복하지 않으려면 어떻게 할 것인지를 담아내면 된다. 이 두 가지를 분명하게 쓰면 '이 사람은 정말 죄송하다고 느끼고, 앞으로 이런 일이 일어나지 않도록 깊이 생각했구나'라는 것이 전해진다.

사과를 받는 상대는 기본적으로 사과하는 사람에게 화가 났으므로, 트집을 잡고 싶어서 안달이 났을지도 모른다. 그러니까 우선 상대가 꼬투리 잡기 전에 내가 먼저 말하고 사과하는 것이 좋다.

결론 쓰기

주장 만들기: '지각해서 죄송합니다'라고 주장한다.

목적 만들기: 【요청형】'공감'이 수단이고, '변화'가 목적

상대의 감정에 호소해 구체적인 변화를 끌어내는 것이 목적

공감: 지각을 정말로 죄송하게 생각한다.

변화: 상대가 나의 지각을 용서한다.

이해가 아니라 변화를 추구한다는 점은 STEP1에서 말했다. 사과문은 상대가 이해해주는 부분까지만 목적으로 삼기 쉬운데, '상대가

용서해주는 것'까지를 목표로 해야 진정한 사과문이라고 할 수 있다. 목표를 변화까지 멀리 잡아보자.

목차 만들기

경로 고르기: 동격형으로 '나는 지각을 미안하게 생각한다'는 주장을 반복한다.

1인 토론

트집 잡기: '반성한 다음 어떻게 할 거야?'라는 트집.

양보하기·임팩트 만들기: 앞으로는 밤늦게까지 일하지 않고, 일의 부담이 클 때는 바로 보고드리겠습니다.

차분한 톤으로 상대에게 '무엇이 나빴는지, 반성한 뒤 어떻게 바꿀지' 말하고 있다. 사과문처럼 짧게 정리해야 하는 글에서는 트집을 직접적으로 쓰지 않고 트집 잡을 것으로 예상하고 쓰는 것이 좋다.

질문의 덫 놓기

'그것만으로 해결될까? 다른 이유는 없나?'라는 트집을 예상하고 '물론 그뿐만이 아니라'라는 형태의 질문의 덫으로 두고 있다.

위치 잡기: 글 쓰는 이의 위치는 물론 '아래'이지만, 사과하면서 '나'를 주어로 써나간다.

나오는 글

끝까지 읽어준 독자에게 감사의 말을 전하고 싶다. 책을 다 읽고 난 후에 어떤 느낌인지 궁금하다. 쌍방향적인 글쓰기 방법에 익숙해졌을까? 나는 세상에 상대의 기분을 생각하지 않은 채 내뱉어지는 말들이 너무 많다고 생각한다. 이 책을 쓰게 된 이유이기도 하다. 상대를 의식하지 않고 글을 쓰기 때문에 의미가 제대로 전달되지도 않고, 사고력도 좋아지지 않는다. 내가 직접 경험해봤기 때문에 그렇게 쓴 글이 너무나 많다는 사실을 잘 알고 있다.

개인적인 이야기라 부끄럽지만, 아버지와 사이가 좋지 않았던 시절이 있었다. 아버지가 나쁜 사람은 아니었지만 잔소리가 많았다. 공부하고 있는데도 '이렇게 공부해라!' 수험생에게 '모의고사 결과는 어떻게 나왔니? 이렇게 더 해보면 좋겠구나'라는 식의 잔소리가 많아서 속으로 정말 너무 귀찮다고 생각했다. 나처럼 잔소리가 많은 부모님을 둔 사람이 의외로 많을 것이다. 그런데 아버지를 향한 나의 시각이 바뀐 사건이 있었다.

삼수생 시절, 합격 발표 전날이었다. 도쿄대 입시가 끝나고, 합격 발표 전날 밤에 나는 아버지와 크게 다퉜다. 발표 전날, 아버지는 내게

서류를 건넸다. 그해 도쿄대 수험 데이터를 정리한 파일이었다. 올해 대입 시험의 평균점수는 몇 점이며, 도쿄대 입시의 각 과목 난이도는 어떻고, 합격선은 몇 점인지, 학원가에서 예측한 데이터를 바탕으로 세세하게 정리된 파일이었다. 파일을 내게 내밀며 '네가 합격할지 떨어 질지 확인해보자'는 것이었다. 나는 버럭 화를 냈다.

"내일이면 알 수 있을 텐데, 이렇게 자료를 보는 게 무슨 의미가 있 나요? 죽을 만큼 열심히 했는데, 결국 결과만 궁금하신 거죠!"

이렇게 시작된 다툼은 서로 언짢은 감정을 드러내고 부딪혔다. 그러 다가 아버지가 갑자기 이렇게 말했다.

"막상 그러다 떨어지면, 울 것 아니냐."

"네?"

나는 무심하게 되물었다. 그러자 아버지의 말이 이어졌다.

"고등학교 때까지도 그렇게 성적이 안 좋았던 녀석이 삼수까지 하 면서 열심히 했잖아. 그런데 결과로 보상받지 못하면, 울 것 아니냐. 나는 네가 도쿄대에 합격하건 말건 상관없어. 그렇지만 아들이 우는 모습은 보기 싫다."

나는 내 아버지에 대해서 정말 아무것도 몰랐구나 싶었다. 그때 느 꼈다. 심하게 공부하라 잔소리했던 것도, 유난스러울 정도로 결과에 신경 쓰는 것도, 전부 나를 걱정했기 때문이었다. 온 마음으로 응원해 주는 사람, 아버지가 있었는데 그때까지 나는 전혀 눈치채지 못했다. 그때 아버지가 자신을 주어로 대등하고 명확하게 이야기해주지 않았다면, 나는 언제까지나 아버지의 진심을 모른 채로 살았을 것이다.

아마도 흔한 이야기일 것이다. 말주변이 부족해서, 말투가 뾰족해서 상대에게 전해지지 못한 이야기. 뜻이 전해지지 못하고 홀로 남겨져 이해받지 못한 말들. 조금만 바꿔 말하고, 노력하면 자신의 이야기를 더 많이 전할 수 있으리라 생각한다. '들어가는 글'에서도 말했지만, 그 노력이 모든 능력을 향상시켜 사고력을 단련시키는 데까지 이어진다.

그런데도 '뭐, 전해지겠지'라면서 자만하거나, '쌍방향적인 글은 쓰기 힘들다'고 체념해버린다면 그것만큼 아까운 일이 없다. 예전의 나처럼, 혹은 나와 아버지처럼 말이다. 그런 마음을 담아, 나는 이 책을 썼다. 여러분이 이 책의 내용을 인정해주고 나아가 상대를 생각하는 글을 써야겠다 생각한다면 나의 목적은 달성된 것이다. 그렇게 된다면 더없이 기쁠 것이다.

2019년 2월

니시오카 잇세이

한눈에 보는
1%의 글쓰기
Point 42

1. 쓰기 전에 결론을 생각한다

2. 전체의 인상은 마지막에 결정된다

3. 마지막이 명확해야 글쓰기를 시작할 수 있다

4. 마지막에 무엇을 말할지는 대화나 필기에서도 중요한 포인트!

5. 주장은 미지의 정보로, 짧게 써야 한다

6. 주장 만들기는 3단계로 이루어진다

7. 주장의 형식은 감정형, 공유형, 요청형, 주의형 네 가지뿐이다

8. 반드시 한 가지 형식을 정한다

9. 독자가 어떻게 받아들일지 생각한다

10. 주장의 형식에 맞춰 목적과 수단을 정한다

11. 목적에는 변화와 이해, 수단에는 수긍과 공감이 있다

12. 목적 만들기는 주장을 재정의해서 명확히 하는 것이다

13. 글쓰기의 목적은 상대를 변화시키는 것이다

14. 독자는 똑똑하지 않다

15. 15필요한 내용이 빠짐없이 들어가 있어야 논리적인 글이다

16. 독자의 위치를 모르면, 꼭 써야 할 내용을 알 수 없다

17. 세 가지 형식을 익히면 누구나 이해하기 쉬운 글을 쓸 수 있다

18. 동격형, 인과형, 비교형을 마스터하자

19. 세 가지 형식은 독자와의 거리에 따라 다르게 쓰인다

20. 글의 구조, 주장과 독자와의 거리로 정해진다

21. 독자를 기자로 만들어야 한다

22. 글을 쓸 때는 단언한다

23. 트집 잡기, 양보하기, 비틀기를 거치는 과정에서 설득력이 생긴다

24. 트집거리가 없는 문장은 애초에 읽히지 않는다

25. 설득력을 갖추기 위한 트집 잡기는 '설명 가능한가', '반례나 예외는 없는가', '약점이 없는가'다

26. 양보하기는 틈새를 만들어 설득력을 높이는 기술이다

27. 한발 물러설 때는 '솔직히', '물론', '인 것 아니야?'를 쓴다

28. 반론의 형태는 트집 잡기 방식에 따라 달라진다

29. 유효한 반론은 객관적인 것, 손해가 적은 것, 이득이 큰 것 중에 있다

30. 임팩트 만들기는 주장을 강한 표현으로 다시 쓰는 것이다

31. 양보 문장을 만들 때는 반론 가운데 반전이 큰 문장을 골라라

32. 상대가 질문할 수밖에 없도록 질문의 덫을 놓자

33. 질문은 독자를 끌어당기는 역할을 한다

34. 글 쓸 때 던지는 질문에는 세 가지 유형이 있다

35. 글에도 글쓴이의 얼굴이 보이는 자기소개가
필요하다

36. 목표는 독자와 내가 선 위치를 살펴 친근하게
다가서는 글을 쓰는 것이다

37. 글을 나무로 비유했을 때, 뿌리와 줄기, 가지, 잎,
꽃의 역할을 하는 문장들이 있다

38. 필요한 것만 쓴다는 자세는 독자를 향한 배려다

39. 줄기나 가지, 잎, 꽃의 역할을 하지 못하는
문장과 내용이 겹치는 문장은 필요 없는 것이다

40. 각 문장의 역할을 확인하면 필요 없는 문장을
쉽게 찾을 수 있다

41. 대체하기란 필요 없는 곁가지를 줄기와 연결하는
것이다

42. 동격화와 인과화를 통해, 필요없는 문장을
주장과 연결시켜 다시 활용할 수 있다

공부머리 좋아지는 도쿄대 작문수업

1%의 글쓰기

초판 1쇄 2019년 12월 30일
지은이 니시오카 잇세이
옮긴이 김소영
책임편집 박병규
마케팅 김형진 김범식 이진희

펴낸곳 매경출판㈜　**펴낸이** 서정희
등록 2003년 4월 24일(No. 2-3759)
주소 (04557) 서울시 중구 충무로 2(필동1가) 매일경제 별관 2층 매경출판㈜
홈페이지 www.mkbook.co.kr
전화 02)2000-2641(기획편집) 02)2000-2645(마케팅) 02)2000-2606(구입 문의)
팩스 02)2000-2609　**이메일** publish@mk.co.kr
인쇄 · 제본 ㈜M-print 031)8071-0961
ISBN 979-11-6484-064-9(03700)

이 도서의 국립중앙도서관 출판예정도서목록(CIP)은 서지정보유통지원시스템 홈페이지(http://seoji.nl.go.kr)와
국가자료공동목록시스템(http://www.nl.go.kr/kolisnet)에서 이용하실 수 있습니다.
(CIP제어번호 : CIP2019050095)